그대로 괜찮아

**Are You Good Enough Yet?:** *A Book for Perfectionists and All Who Try Too Hard and Worry Too Much*
By Fr. Joe Kempf

Copyright © 2024 Fr. Joe Kempf. All rights reserved.
Twenty-Third Publications/Bayard
977 Hartford Turnpike Unit A
Waterford, CT 06385 USA
Korean translation copyright © 2025 by ST PAULS, Seoul, Korea

# 그대로 괜찮아

**발행일** 2025. 4. 15

**글쓴이** 조 켐프 신부
**옮긴이** 서영필
**펴낸이** 서영주

**펴낸곳** 성바오로
**출판등록** 7-93호 1992. 10. 6
**주소** 서울특별시 강북구 오현로7길 20(미아동)

**취급처** 성바오로보급소　　**전화** 944-8300, 986-1361
**팩스** 986-1365　　**통신판매** 945-2972
**E-mail** bookclub@paolo.net
**인터넷 서점** www.paolo.kr

책값은 뒤표지에 있습니다.
ISBN 978-89-8015-958-1
**교회인가** 서울대교구 2025. 2. 7　　**SSP** 1101

성경 ⓒ 한국천주교중앙협의회, 2025.

・이 책은 저작권법의 보호를 받으므로 무단전재와 무단복제를 금합니다.
 이 책 내용의 전부 또는 일부를 재사용하려면 반드시 저작권자와 성바오로출판사의
 동의를 얻어야 합니다.

# 그대로 괜찮아

조 켐프 신부 글
서영필 옮김

시작하며

　지금 정말 열심히 노력하며 살고 계신가요? 한 번씩 지치지 않나요? 가슴속에 불안의 웅덩이 없이 평화와 안정감만 가지고 살 수 있다면 얼마나 좋을까요? 할 일은 늘 많고 챙겨야 할 사람도 처리할 분야도 늘어만 간다는 느낌 대신에 말입니다.

　살면서 한 번씩 이런 기분이 든다면 어린 시절이나 청소년기에 그 갈등의 원인이 있을 수 있습니다. 예를 들어 성장하면서 스스로가 부족하다고 느끼는 말을 들었거나 있는 그대로의 자기 모습이 온전하지 않다는 느낌을 받았을 수 있습니다. 또는 자기 자신에 대한 확신을 가질 만한 메시지를 듣지 못하고 자랐을 수도 있습니다. 원인이 무엇이든지 자기 자신이 있는 그대로 충분히 괜찮다는 것(모든 일을 해결하지 않아도, 자신을 증명하지 않아도, 성과를 내지 않아도)을 마음속 깊이 인지하지 못하게 한 고통에 대해 정말 안타깝게 생각합니다.

좋은 소식은 지금이라도 더 깊은 평화와 더 큰 자유를 누릴 수 있다는 것입니다. 거기에 이 책이 도움이 되기를 진심으로 바랍니다. 이 책은 각 장마다 메시지가 있습니다. 그래서 각 장이 끝나면 잠시 멈추어 그 메시지가 자신에게 어떤 의미가 있는지 생각해 보면 좋겠습니다.

한 가지 당부를 드립니다. 저는 학자도 아니고 체계적으로 수학한 신학자도 아니며 공인된 상담가도 아닙니다. 저는 제가 아는 것이 많지 않다는 것을 깨우칠 정도의 교육만 받았습니다. 팬데믹으로 생겨난 새로운 자기 설명법으로 말하면, 사실 저는 지혜와 지식의

'보균자'이지만 종종 드러나지 않는 '무증상자'입니다. 그리고 저는 신자들을 사랑하는 사목자로서 여러 방면에 걸쳐 조금씩 공부를 했을 뿐입니다.

더 중요한 것은 저 역시 고군분투한다는 점입니다. 아마도 그것이 저의 가장 큰 장점일 것입니다. 이 글을 읽어 보면 아시겠지만 저는 제 고군분투를 솔직하게 받아들입니다. 저는 평화와 자유, 기쁨의 더 큰 장소 즉 '충분함'의 영역으로 이끌어 준 통찰 이야기와 격려 관점을 여러분과 공유하게 되어 기쁩니다.

여러분은 그 평화를 누릴 자격이 있습니다. 여러분은 안전하고 사랑받고 있으며 여러분의 삶은 소중하고 여러분은 있는 그대로 충분히, 충분히 좋다는 것을 알 자격이 있습니다. 그것이 진실이기 때문입니다.

**차례**

**시작하며**

부러진 크레용의 교훈　*10*

하느님은 어떤 분이라고 생각하나요?　*16*

당신의 뇌는 당신 친구인가요?　*22*

부끄러움은 당신의 친구가 아닙니다　*28*

웃음은 당신의 친구　*36*

어떤 차이를 만드나요?　*42*

불완전하지만 단 하나뿐인 양육　*48*

평범한 하루　*56*

어떻게 비교하나요?　*62*

거울이 말을 한다면 뭐라고 말할까요?　*68*

불완전한 삶 속 완벽한 순간들　*74*

목표　*84*

여정, 내면으로부터 살아가기　*90*

어린 시절의 상처　*96*

가장 중요한 단어는 무엇일까요?   *104*

당신은 걱정꾼인가요?   *112*

가치 있는 모든 일은…   *120*

1968년 그리그 아폴로 8호의 교훈   *126*

자기 자신 용서하기   *134*

감사하며 사는 것   *142*

마지막 당부 한마디   *150*

**부록**

- ♥ 어린이들의 걱정과 질문
- ♥ 부서지고 사랑받는 우리의 몸
- ♥ 감사하며 사는 것

# 부러진 크레용의 교훈

완벽함은 없으며
깨어짐의 아름다운 버전만 있을 뿐입니다.

– 섀넌 L. 앨더Shannon L. Alder

    한번은 친구 집을 방문했는데 친구의 딸아이가 테이블에 앉아 그림을 그리고 있었습니다. 아이는 제게도 그림을 그려 주고 싶다고 했습니다. 열심히 그림을 그리던 아이는 그만 너무 힘을 주어서 크레파스가 부러져 버렸습니다. 저는 아이의 반응이 궁금했습니다. 아이는 잠시 멈칫하더니 고개를 들어 저를 안심시키며 말했습니다. '괜찮아요. 부러진 채로도 좋아요." 그러고 나서 부러진 크레파스를 쥐고 계속해서 즐겁게 제게 줄 그림을 그렸습니다.

    소녀의 말이 맞습니다. 부러진 채로도 좋은 것입니다.

우리는 모두 어느 정도 부서져 있습니다. 우리는 모두 약하고 상처가 있습니다. 그리고 우리 대부분은 안타깝게도 '괜찮지 않은 것도 괜찮다. 망가졌어도 괜찮다. 부서진 채로도 괜찮다.'는 속 깊은 진실을 온전히 받아들이지 못합니다.

우리가 어느 정도 상처받고 부서졌다는 사실을 인정하는 것이 처음에는 두려울 수 있지만 그렇게 하는 것이 궁극적으로 자유로워지는 길입니다. 상처는 우리를 너무 강하게 밀어붙여 관계를 깨트린 부모부터 온갖 종류의 상실까지 다양한 원인에서 비롯될 수 있습니다.*

나중에 특히 어린 시절의 핵심 상처와 감정적 생존을 위해 필요했던 우리의 대처 메커니즘이 어떻게 방해가 되는지 살펴볼 것입니다. 완벽주의(그리고 자신과 가까운 사람들을 기쁘게 하려는 성향)는 바로 그런 무의

---

\* 그 밖에도 고통에는 여러 원인이 있을 수 있습니다. 부상이나 신체적 어려움, 실직, 부모의 부재나 심각한 결핍, 성적·언어적 학대, 섭식 장애, 자신의 성정체성에 대한 두려움, 실패한 결혼 생활과 더불어 사라진 바람들, 자녀와의 소원해진 관계, 사업 실패, 과거의 학대, 또는 중독·죄책감·수치심의 양상도 고통의 원인이 될 수 있습니다.

식적 생존 메커니즘입니다. 그것은 어렸을 때는 대처하는 데 도움이 되었지만 이제는 더 큰 기쁨과 자유로부터 우리를 멀어지게 합니다. 하지만 이러한 기제는 우리 안에 너무 뿌리 깊게 자리 잡고 있어서 다른 방법을 찾지 못하는 경우가 많습니다.

그리고 지나친 완벽주의나 무리해서 애쓰거나 걱정이 너무 많다면 그것도 괜찮습니다. 그렇다고 해서 여러분(또는 여러분의 선함)이 줄어들지는 않습니다. 하느님께 여러분은 그 누구보다 중요하고 사랑스러운 존재입니다. 우리는 모두 아무리 힘들어도, 큰 잘못을 저질렀어도, 심한 대우를 받아도 사랑받을 자격이 있는 존재입니다. 우리는 각자 이 세상에 매우 중요한 존재입니다.

저의 많은 영웅 중 한 사람은 예수회 사제인 그레고리 보일Gregory Boyle입니다. 그는 로스앤젤레스 거리에서 갱단원들과 함께하는데 그것은 제게 많은 영감을 줍니다. 그는 대부분 부모에게 방치되거나 학대받거나 버림받은 갱단원들이 안전한 곳에서 치유를 얻도록 돕습니다. 그는 그들이 자신의 존엄성을 깨닫고 하느님의 사랑받는 자녀로서 희망을 찾도록 돕습니다.

한번은 보일 신부가 자신이 쓴 『The Whole Language』(전체 언어)에 있는 이야기를 들려주었습니다. 그는 가장 난폭한 죄수들이 수용된 펠리컨베이 주립교도소를 방문한 이야기를 했습니다. 교도소에서는 재능 있는 피아니스트 에릭 제뉴이스 Eric Genuis의 공연을 기획했고, 그는 소규모 현악단을 데리고 와 45분의 연주 후 질문 시간을 가질 계획이었습니다.

에릭의 연주가 시작되고 음악은 거기 모인 사람들의 마음을 움직였습니다. 모두들 깊이 감동해 침묵이 흘렀습니다. 곧 죄수들 모두 흐느꼈고 교도관들 역시 조심스럽게 눈물을 닦았습니다. 연주를 마치고 에릭은 돌아서서 질문이 있는지 물었습니다. 침묵만 흘렀습니다. 이내 얼굴에 문신이 가득한 갱단원이 일어섰습니다. 그는 할 말이 있었지만 여전히 울음을 그칠 수 없어 말을 잇지 못했습니다. 마침내 그가 "왜요?"라고 말했습니다. 그 질문에 에릭은 그가 무엇을 묻는지 깨닫고 자신도 울기 시작했습니다. "그건 당신이 그럴 자격이 있기 때문입니다." 그리고 계속해서, "당신은 아름다움과 음악을 즐길 자격이 있습니다. 당신과 나 사이에는 아무런 차이도 없으니까요."라고 말했습니다.

우리가 어떤 어려움 속에 있든지 하느님은 내가 가치 있는 존재라는 것을 아십니다. 그렇습니다. 우리는 모두 상처를 받았고 앞으로도 그럴 것입니다. 하지만 실수나 과거의 삶이 우리를 어디로 이끌든지 보이는 것 이면에는(우리가 인지하는 모든 것 저 아래에는) 완벽하고 선한, 사랑하고 사랑받는, 유일하고 소중한, 있는 그대로 안전한, 그리고 우리를 창조하신 하느님과 깊이 연결된 하느님의 자녀가 있습니다. 하느님의 그 사랑은 끝이 없습니다.

게다가 어린 소녀가 부러진 크레파스를 들고 현명하게 말했듯이 '부러진 채로도 좋습니다.'

# 하느님은
# 어떤 분이라고
# 생각하나요?

사랑의 하느님을 알게 되는 순간
다른 신들은 모두 사라지리라.

- 미라바이 스타Mirabai Starr

　제가 사제품을 받고 얼마 되지 않았을 때 한 여성분이 자기 아이에 관한 이야기를 들려주었습니다. 그녀는 아이들을 모두 사랑하지만 왼손 없이 태어난 막내아들에 대한 애정이 각별하다고 했습니다. 그녀는 두려워하던 일이 마침내 현실로 닥쳤을 때의 상황을 설명해 주었습니다. 어느 날 오후 유치원에서 돌아온 막내아들은 눈물을 참지 못했습니다. 같은 반 친구가 왜 왼손이 없냐고 물어서 태어날 때부터 그렇다고 대답했답니다. 그러면 대부분 아이들은 별다른 반응을 보이지 않는데 한 아이가 "이상해."라고 말하자, 여러 아이들이 웃었다고 합니다. 어린 소년은 그제야 사람이 그렇게 외로울 수 있다는 사실을 알게 되었다고 합니다.

엄마는 아들의 눈을 바라보며 천천히 조심스럽게 말했습니다. "마이클, 너는 알아야 해. 그 아이는 아직 이 엄마나 하느님처럼 네가 하느님께서 창조하신 가장 놀라운 한 명의 사람이라는 것을 모르고 있을 뿐이야. 엄마는 지금보다 더 사랑할 수 없을 만큼 너를 사랑해. 하느님께서도 그렇고. 마이클, 하느님은 너를 있는 그대로 정말 멋지다고 생각하신단다. 하느님은 언제까지나 그렇게 여기실 거야." 아이는 엄마 품에 얼굴을 파묻고 울었습니다.

그리고 그 순간 아이는 엄마의 사랑 안에서 하느님의 사랑을 경험했습니다. 하느님께서는 종종 우리 주변의 평범한 사람들의 선함 속에서 우리에게 나타나십니다. 막내아들을 향한 엄마의 사랑은 바로 하느님께서 우리 각자에게 지니고 계신 사랑과 같습니다.

우리가 성찰할 중요한 질문이 있습니다. 하느님을

어떤 분이라고 생각하나요? 영적 지도자들이 말했듯이 하느님께서 계신다고 믿는 것보다 하느님을 어떤 분이라고 믿느냐가 더 중요합니다. 그만큼 이 질문이 중요하다는 뜻입니다.

그렇다면 여러분은 하느님을 어떤 분이라고 생각하나요? 안타깝게도 우리는 종종 어린 시절에 이 질문과 씨름하기를 그만둡니다. 어쩌면 어릴 때 부모님이나 선생님, 신부님에게서 들었던 하느님 이미지에 멈춰 있을지도 모릅니다. 우리는 종종 이처럼 왜곡되고 제한된 사고 방식으로 삶의 경험들을 걸러 냅니다.

사실 우리가 하느님의 선하심을 묘사하기 위해 할 수 있는 모든 말은 궁극적으로 하느님의 경이로운 실체에 크게 미치지 못합니다. 보스턴 대학의 신학자 마이클 히메스Michael Himes 신부는 이렇게 말했습니다. "하느님에 대해 우리가 할 수 있는 가장 틀리지 않는 말은 하느님은 사랑이라는 것입니다."

제가 하느님을 한 단어로만 설명해야 한다면(다행히 그럴 필요는 없지만) 그것은 '선함'goodness입니다. 엄마가 아이에게 갖는 선함은 하느님 마음속 선함과 같습니다. 그것은 제 인생 여정 중 만난 사람들 속에서 경험한 축복받은 선함과 같습니다. 제가 최고의 상태일 때 마음속에서도 이 선함을 경험할 수 있습니다.

완벽주의에 시달리는 사람이라면 아마도 자기 자신을 탓하는 데 꽤 능숙할 것입니다. 자신이 충분히 좋지 않다고, 기준에 미치지 못한다고, 아무도 심지어 하느님조차 자신을 있는 그대로 진심으로 사랑할 가치가 있다고 여기지 않을 것이라고, 다른 누군가의 말을 빌릴 필요도 없이, 자기 스스로 그렇게 말합니다.

하지만 하느님께서는 그 반대로 알기를 간절히 바라고 계십니다. 하느님은 여러분을 자녀로 삼으신 것을 기뻐하십니다. 하느님은 여러분이 있는 그대로 사랑받을 만하고 소중하며, 여러분이 상상하는 그 이상으로 더 사랑받고 있음을 알기를 바라고 계십니다.

울던 아이가 "엄마는 지금 너를 너무 사랑해서 더 이상 사랑할 수 없을 정도야."라는 말을 듣고 외로움 속에서 바로 하느님의 목소리를 들었습니다. 그것은 엄마의 마음속에 있는 하느님의 사랑이었습니다. 곧 우주의 중심에 있는 사랑입니다. 그것은 이 순간 그리고 매일의 모든 순간에 하느님께서 우리에게 품는 사랑입니다.

# 당신의 뇌는
# 당신 친구인가요?

원숭이를 등에서 떼어 낼 수는 있지만
서커스는 결코 마을을 떠나지 않습니다.

– 앤 라모트Anne Lamott

　완벽주의에 생물학적 유전적 요소가 있다는 사실이 위안이 되기도 합니다. 진화론적 관점에서 우리의 뇌는 '부정적 편향'이 있어서, 잘될 것이라고 생각하기보다 잘못될 것이라고 생각하는 경향이 있습니다. 이치에 닿는 말입니다. 옛 선조들은 덤불 뒤에 검치호(劍齒虎, 고양잇과의 화석 동물. 크기가 사자만 하고, 사벌형의 송곳니가 특징이다.)가 숨어 있을지도 모른다고 의심하며 조심할수록 생존 확률이 높았을 것입니다. 그것이 우리 또한 긍정적인 경험보다 부정적인 경험을 더 잘 기억하는 이유입니다.

완벽주의와의 싸움에서 우리의 두려움은 신체적 해악보다는 정서적 해악에 더 가깝습니다. 그러나 완벽주의가 활성화되는 우리 뇌의 일부분은 여전히 생존이 위태롭다고 느낍니다. 비판받거나 당황하거나 거절당할까 두려워하는 것은 배고픈 동물이 우리를 잡아먹으려는 모습을 보는 것처럼 위험하게 느껴질 수 있습니다.

우리의 뇌는 이 점에서 잘못 알고 있습니다. 이러한 두려움에 대해 우리 자신에게 너그러워지는 것은 좋은 일입니다. 하지만 과장된 두려움에 불필요한 힘을 실어 주고 싶지는 않습니다. 우리 내면 깊은 곳에서는 다른 사람들이 우리의 불완전함이나 부족함을 알게 되면 우리를 거부할 것이라는 두려움이 있습니다. 무의식적으로 우리는 다른 사람이 내 결점이나 실패를 보고 나면 위험한 세상에 홀로 남겨져 사랑도 받지 못하고 안전하지도 못할 것이라고 믿습니다. 그래서 우리는 깨닫지 못한 채 거절을 피하고자 우리 자신에게 터무니없이 높은 기대치를 설정합니다. 깊은 내면에서 우리는 다른 사람들이 이미 우리에게 같은 기준을 적용하고 있다고 믿을 수도 있습니다. 불가피하게 학습된 기대치를 충족시키지 못할 때 우리의 불안과 낙담은 더욱 커집니다.

그렇다면 우리의 뇌는 우리 친구일까요? 모든 중요한 일들이 그렇듯이 대답은 '예'이면서 '아니요'입니다.

코미디언 에모 필립스Emo Philips는 이렇게 말하며 저를 웃게 했습니다. "예전에는 내 뇌가 내 몸에서 가장 중요한 부분이라고 생각했어요. 그런데 너 뇌가 나에게 그렇게 말하고 있다는 것을 깨달았습니다." 그의 유머에 숨겨진 진실은 우리의 생각을 객관적으로 평가할 수 있는 능력이 중요하다는 것입니다. 우리의 반사적 사고방식이 미치는 영향을 인식하는 것이 중요합니다.

우리가 자신과 세상에 대해 갖는 부정확하고 해로운 생각을 비판 없이 알아차리는 것은 우리에게 큰 도움이 됩니다. 다만 그런 생각들이 우리를 지배하도록 허용하지는 말아야 합니다. 대신에 우리는 세상과 그 안에서 우리 자신의 위치를 더 건강하고 대정 어린 방식으로 받아들이도록 노력할 수 있습니다.

물론 우리의 모든 불안과 두려움은 단순히 생각을 바꾼다고 해서 사라지는 것은 아닙니다. 이러한 두려움의 대부분은 우리에게 너무 깊이 뿌리내려 있어서 세상에 대한 반사적인 반응이 되었습니다. 우리는 생각만으로 모든 두려움에서 벗어날 수 없습니다. 그래도 우리 자신과 우리가 세상에서 누구인지를 보는, 더 건강하고 더 정확하고 더 사랑스러운 방식을 배운다면 큰 차이를 만들어 냅니다.

어떤 사람들은 머리에서 가슴으로 가는 것이 우리가 직면하는 가장 길고 어려운 여정 중 하나라고 말합니다. 하지만 그 과정에서 도움을 받으면서 여행한다면 성공적인 항해를 할 수 있습니다.

대부분의 사람들은 자신의 두려움과 어려움을 편히 표현할 수 있는 신뢰할 만한 사람이 있는 것이 도움이 된다고 생각합니다. 우리를 부끄럽게 만들거나 우리의 선함을 보지 못하는 사람들로부터 안전한 거리를 두는 것이 중요합니다. 머리에서 가슴으로 가는 여정에서 자기 연민과 우리의 신체적 필요를 돌보는 것은 우리의 영혼을 치유하는 연고가 될 수 있습니다. 영적인 실천은 우리 자신과 우주에서 사랑스럽고 좋고 진실한 모든 것에 대해 우리를 열어 줍니다.

물론 뇌는 우리의 적이 아닙니다. 그러나 때때로 우리는 덤불 뒤에 검치호가 숨어 있지 않다는 사실을 뇌에 상기시켜야 합니다. 우리는 지금 안전합니다. 그리고 매 순간 이미 우리 내면에 괜찮아지는 데 필요한 것을 가지고 있다는 것을 상기시켜야 합니다. 우리는 회복력과 역량이 있으며 소중하고 선하며 주목받고 사랑받습니다. 그냥 있는 그대로 괜찮습니다.

# 부끄러움은
# 당신의 친구가 아닙니다

당신이라는 존재가 지닌
놀라운 빛을 보여 드릴 수 있다면 좋겠어요.

- 하피즈Hafiz

　우리 초등학교의 사랑받는 미술 선생님이 오랜 교직 생활을 뒤로하고 은퇴하셨을 때 우리는 선생님께 전교생 앞에서 연설해 달라고 부탁했습니다. 선생님은 짧게 연설하시면서 제가 결코 잊지 못할 한 문장을 말씀하셨습니다. '여러분의 예술에 대해 절대 사과하지 마십시오.'

　어렸을 때 이런 메시지를 들어 보았나요? 험난한 어린 시절의 여정에서 선을 벗어나 색칠했을 때 누군가 이런 조력를 해 주었기를 바랍니다. 필요할 때마다 용서를 받으며, 성장하면서 내면에 간직한 최고의 모습이 사랑으로 양육되었기를 바랍니다.

자신의 예술에 대해서는 사과할 필요가 없다는 가르침은 얼마나 해방감을 주는 일인지요. 안타깝게도 우리 중 많은 사람들이 자신의 예술뿐만 아니라 자기 자신도 충분히 훌륭하지 않다고 느낍니다. 어쩌면 "부끄러운 줄 알아야지!"라는 말이나 눈초리를 받았을지도 모릅니다.

아니요. 그렇지 않습니다. 여러분은 스스로를 부끄러워해서는 안 됩니다! 우리 각자에게는 건강한 죄책감을 위한 중요한 자리가 있습니다. 죄책감은 내가 저지른 잘못이나 내가 하지 않은 선으로 인해 발생한 피해에 대한 나의 슬픔입니다. 우리는 미안하다고 말하고 가능한 한 보상을 행합니다.

하지만 죄책감은 수치심과 다릅니다. 죄책감은 우리가 다른 사람에게 가한 해악에 대한 것이지만 수치심은 내면에 초점을 맞춥니다. 수치심은 우리가 한 인간으로서 결함이 있음을 알려 줍니다. 우리의 약점과 죄는 우리가 근본적으로 결함이 있고 사랑받을 자격이 없다고 결론을 내리게 합니다. 죄책감과 참회는 중요하고 가치가 있지만 수치심은 우리의 영혼을 짓누릅니다.

사람들을 수치스럽게 하려는 시도는 그들이 자기 잘못을 보고 변화하는 데 도움이 되지 않습니다. 진정한 변화는 열등감에서 오는 것이 아니라 우리가 진정으로 누구인지에 대한 인식에서 비롯됩니다. 수치심은 사람들을 숨어들게 하고 중독을 조장하여 성장을 저해합니다. 그렇습니다. 수치심은 효과가 없습니다. 수치심은 상처를 남길 뿐입니다.

수치심에 시달리지 않는 사람은 축복받은 사람입니다. 수많은 사람들이 수치심에 괴로워하면서도 대부분 공개적으로 이야기하지 않습니다.

대부분의 완벽주의자들이 삶의 모든 측면에서 그런 것은 아닙니다. 그러나 우리가 어떤 목표에 미치지 못하거나 다른 사람들이 우리에게 설정한 기준에 부합하지 못할 때 감묵적인 내적 믿음은 우리 자신이 열등하고 소속될 가치가 없다는 것입니다. 우리는 수치심을 느낍니다.

43년 넘게 사제로 살면서 저는 종종 성범죄나 성적 학대, 성적 투쟁으로 인해 수치심을 갖게 된다는 것을 알았습니다. 또 열 번째 장에서는 많은 사람들이 자기 몸과 외모 때문에 갖게 되는 두려움과 수치심을 살펴볼 것입니다. 안타깝게도 우리가 가진 몸에 대한 수치심도 너무 많습니다.

수치심은 종종 자해, 화상, 섭식 장애, 중독, 그리고 기타 자기 파괴적 양상의 근원입니다. 때때로 우리는 죄나 실수에 대한 용서를 받아들이기 위해 고군분투하며 우리 자신이 수치심을 느껴야 마땅하다고 믿고 자신을 부끄럽게 여깁니다.

혹시 어떤 관계에서, 교회나 권력을 가진 조직에서 수치를 당하고 있다면 부디 스스로를 보호하기 위해 할 수 있는 모든 일을 하십시오. 심리적으로라도 잠시 그 자리에서 물러나십시오. 여러분을 있는 그대로 받아들이는 안전한 사람들을 찾으십시오. 우리는 모두 인정받고 편안할, 사랑받을 자격이 있습니다.

우리가 자기 자신에 대해 잘못되었다고 생각하는 수치심 외에도 하느님께서 나를 부끄러워하신다는 잘못된 두려움도 있습니다. 제발 알아야 합니다. 하느님은 나를 부끄러워하지 않으십니다. 하느님은 결코 우리를 부끄럽게 여기지 않으십니다.

우리는 예수님께서 우리에게 말씀하시고 보여 주셨기 때문에 이것이 사실이라는 것을 압니다. 그분은 인간의 실패, 심지어 죄에 대해서도 항상 마우 부드러우셨습니다. 예수님의 가장 놀라운 점 중 하나는 인간의 죄에 충격을 받거나 분노하지 않으신다는 것입니다. 사실 예수님은 죄인들에게 화를 내신 적이 없습니다. 또한 결코 누구도 부끄럽게 여기지 않으셨습니다. 대신에 예수님은 사람들이 수치를 당하는 것을 보고 그들을 보호하기 위해 달려가셨습니다. 예수님은 군중이나 개인이, 또는 종교 지도자가 누군가에게 수치를 주려고 하면 그 사람을 보호하기 위해 당신 자신을 위험에 빠뜨리셨습니다.

믿기 어렵겠지만 이것은 사실입니다. 하느님은 우리

를 부끄럽게 여기지 않으십니다. 하느님은 우리가 부끄러워하기를 원하지 않으십니다. 대신에 하느님께서는 우리 각자가 다음 두 가지 가장 진실한 사실을 알기를 바라십니다.

1. 나는 하느님의 사랑을 멈추게 할 만한 힘이 없다. 나는 그렇게 못한다.
2. 하느님은 우선 나를 있는 그대로 사랑하신 다음에야 성장에로 초대하신다. 하느님은 나를 있는 그대로 사랑하신다.

사람들은 "부끄러운 줄 알아야지!"라고 말할 수 있지만 하느님은 "아니, 아니다. 그럴 필요 없다."라고 말씀하실 것입니다. 아니면 우리 학교 미술 선생님처럼 "너의 예술에 대해 절대 사과하지 말렴."이라고 말씀하실 것입니다.

# 웃음은 당신의 친구

웃음은 하느님의 은총에 가장 가까운 것입니다.

– 카를 바르트Karl Barth

　몇 년 전 저는 제가 존경하는 할머니가 완벽주의를 극복한 이야기를 들었습니다. 홀로 살던 할머니는 손주들 한 명 한 명에게 크리스마스 선물을 보내는 일이 힘들자 "직접 너 선물을 사렴."이라는 문구와 함께 수표를 동봉해 카드를 보내기로 했습니다. 그녀는 크리스마스에 맞춰 카드가 잘 도착하도록 늦지 않게 보냈다는 성취감으로 뿌듯해하며 우체국을 나섰는데, 집에 돌아와 수표 더미를 발견하고 수표를 넣는 것을 깜박했다는 사실을 깨달았습니다. 그것은 다시 말해, 손주들이 할머니의 "직접 네 선물을 사렴."이라고 적힌

카드 한 장만 달랑 받아 볼 것이라는 사실을 의미했습니다.

그녀는 이내 자신이 무슨 짓을 저질렀는지 깨닫고 너무나 멋진 반응을 보였습니다. 그녀는 자기 자신이 너무 웃겨서 웃고 또 웃었습니다.

이후 며칠 동안 그녀는 각 손주들에게 전화를 걸어 그들과 함께 웃었습니다. 그녀는 자신을 포함해 누구나 실수가 인생의 일부임을 알게 되었습니다. 모두가 그녀를 사랑했습니다. 어떻게 사랑하지 않을 수 있겠습니까? 그녀는 자신을 웃음의 소재로 삼을 줄 알았던 것입니다.

저도 그녀를 닮고 싶습니다. 우리 모두 실수를 하고 실수를 해도 괜찮다는 것을 받아들이는 것이 좋지 않을까요? 괜찮습니다. 우리는 모두 실수하고 부족합니다. 그 할머니처럼 긴장을 풀고 우리의 어리석음을 웃어넘길 수 있다면 좋지 않을까요?

웃음은 우리 모두에게 선물입니다. 특히 완벽주의와 씨름하는 사람들에게는 더 그렇습니다.

러시아 정교회에서는 부활 시기에 농담을 하는 오랜 전통이 있습니다. 부활을 죽음에 관한 궁극의 농담이라고 믿었기 때문입니다. 사탄과 악의 세력은 예수님을 죽임으로써 승리했다고 생각했지만, 하느님은 예수님을 새 생명으로 다시 살리심으로써 마지막에 웃으셨습니다. 예수님이 돌아가신 후 한 무리의 제자들이 상심한 마음으로 무덤을 찾았다가 무덤이 비어 있는 것을 보았습니다. 그들은 이해하기 시작했고 그렇게 이해하면서 웃기 시작했습니다. 그들은 가장 깊은 기쁨의 심오한 웃음을 지었습니다. 그들의 웃음은 세기를 거쳐 우리에게 울려 퍼지고 지금도 우리에게 웃을 이유를 줍니다.

　　성경은 하느님의 마음에 웃음이 있다는 사실을 알려 줍니다. 시편은 "하늘에 좌정하신 분께서 웃으신다."(2,4)라고 말합니다. 사랑은 궁극적으로 승리합니다. 생명은 죽음보다 강합니다. 선이 승리합니다. 웃을 때마다 우리는 하느님의 웃음 즉 하느님께서 우주의 마음에 넣으신 웃음에 동참한다고 주장할 수 있습니다.

여러분을 웃게 하는 것은 무엇입니까? 부디 여러분을 웃게 하는 무엇이 있기를 바랍니다. 19세기 철학자이며 시인이자 문화 평론가인 조지 산타야나George Santayana는 "울지 않는 젊은이는 야만인이고, 웃지 않는 노인은 바보다."라고 말했습니다.

우리 몸에 웃음이 좋다는 것은 입증되었습니다. 또한 제 생각에 웃음은 그리스도의 몸에도 좋습니다.

제가 매일 자주 지나는 복도에는 머리를 뒤로 젖힌 채 크게 웃고 계신 예수님 사진이 걸려 있습니다. 이 사진은 제 일상의 균형을 유지하게 하고 저 자신을 너무 심각하게 받아들이지 않도록 상기시킵니다. 그리고 크게 보면 기뻐할 이유가 기뻐하지 않을 이유보다 항상 더 많다는 것을 일깨워 줍니다.

오늘날 세상에서, 그리고 종종 우리 삶과 마음, 주변 사람들의 삶에서 나타나는 분명한 고통과 비탄의 현실을 부인할 생각은 전혀 없습니다. 좋은 것과 나쁜 것은 서로를 상쇄하지 않습니다. 그러나 사랑은 궁극적으로 승리합니다. 하느님의 마음속에는 참으로 웃음이 있습니다.

# 어떤 차이를 만드나요?

아무리 작은 친절도 결코 헛되지 않습니다.

– 이솝Aesop

## 퀴즈 시간입니다. 다음 중 몇 개나 대답할 수 있나요?

1. 미국 대학 미식축구 리그에서 그해 최우수 선수가 받는 하이즈먼 트로피의 최근 3년간 수상자는 누구일까요?
2. 1994년 세계에서 가장 부유한 사람 4명은 누구일까요?
3. 2010년부터 2012년까지 아카데미 남우주연상 및 여우주연상 수상자는 누구일까요?
4. 2023년 인스타그램 팔로워 수가 가장 많은 5명의 직업은 무엇일까요?
5. 최근 3년간 퓰리처상 수상자는 누구일까요?

여러분의 점수는 어떤가요? 저요? 답을 찾아보지 않았다면 저는 한 문제도 몰랐을 겁니다. 저만 그렇지는 않을 겁니다. 여기서 묻는 이들은 한때 자기 분야에서 최고의 자리에 있었고 큰 인기를 누린 사람들입니다. 그러나 결국 박수는 사라지고 돈은 내 손을 떠나고 상은 대부분 잊힙니다.

두 번째 퀴즈입니다. 다음 중 몇 개나 대답할 수 있나요?

1. 자신에게 중요한 것을 가르쳐 주었거나 어떤 식으로든 삶에 영향을 준 교사나 영적 지도자 또는 멘토의 이름을 말해 보세요.
2. 개인적으로 아는 사람 중 선행으로 영감을 준 사람에 관해 설명해 보세요.
3. 힘든 시기에 도움을 준 사람은 누구였나요?
4. 나를 믿어 주거나 격려해 준 사람은 누구였나요?

**두 번째 퀴즈는 답하기가 더 쉽죠? 우리 삶에 영향**

을 끼친 사람들은 대부분 상이나 돈, 명성을 가진 사람들이 아닙니다. 그들은 나를 아끼는 사람들입니다. 선한 행동으로 우리 세상을 보다 나은 곳으로 만드는 사람들입니다.

제가 아는 대부분의 완벽주의 성향으로 분투하는 사람들은 다른 사람들을 위해 더 나은 세상을 만들고자 하는 훌륭한 열망을 지녔습니다. 누군가에게 그러한 열망은 마음속 깊은 곳에서 우러나오는 강렬한 갈망입니다. 저도 그런 사람 중 하나입니다.

하느님께서 저를 만드신 방식, 부모님이 저를 키우신 방식, 수년에 걸쳐 저를 형성한 다른 영향들은 저에게 이 세상을 더 나은 곳으로 만들고자 하는 깊은 열망을 남겼습니다. 그 모든 것이 소외되고 가난하고 괴롭힘을 당하는 약자에 대한 특별한 연민과 함께 옵니다.

그렇다고 해서 제가 다른 사람보다 더 낫거나 못하다는 의미는 아닙니다. 그저 제가 만들어진 방식일 뿐입니다.

더 많은 사람들을 위해 더 큰 차이를 만들 수 있을

것이라는 생각을 놓아 버리는 것은 고통스럽습니다.

요즘 여러 성경 구절을 모아 제 소명이 무엇이고 무엇이 아닌지를 깨닫는 데 도움이 되는 문장을 구성했습니다. '나는 씨를 심는다. 나는 다른 사람들이 심은 씨에 물을 준다. 그리고 다른 사람들이 물을 준 씨를 수확한다.' 제 일은 최선을 다하고 그 과정에서 진실하게 사는 것입니다. 그러나 결과는 제게 달려 있지 않습니다.

요즘 제가 하는 영적 작업은 이 정도면 충분하다는 것을 믿으려고 노력하는 것입니다.

여러분도 저와 비슷할 수 있습니다. 여러분도 때때로 더 큰 차이를 만들 수 없다는 것을 한탄하는 사람일 수 있습니다. 그렇다면 저처럼 이 이야기에 위로를 받을 것입니다.

한 여성이 아이와 함께 유명 피아니스트의 콘서트에 갔는데 친구와 이야기를 나누다가 공연 시작 전에 조명이 꺼질 때까지 아들이 사라진 것을 몰랐습니다. 그녀는 애타게 아들을 찾았습니다. 그런데 커튼이 열리고 무대 조명이 켜지자 그녀는 아들이 콘서트 피아

노 앞에 앉아 '반짝반짝 작은 별'을 연주하고 있는 것을 보고 경악을 금치 못했습니다. 그때 무대로 나오던 피아니스트는 아이를 보고 무슨 일이 벌어졌는지 깨달았고, 곧 소년 뒤로 살며시 다가가 "계속 연주해요."라고 속삭였습니다. 소년이 한 손가락으로 '반짝반짝 작은 별'을 연주하자 피아니스트는 두 손을 양쪽에 대고 아름다운 반주를 넣기 시작했고 이에 관객들은 모두 기뻐했습니다.

우리의 노력도 마찬가지입니다. 우리가 세상의 필요와 수많은 사람들의 고통을 마주할 때 우리는 위대한 신비 앞에 섭니다. 우리는 혼자가 아니며 희망이 없거나 제공할 것이 없는 것도 아닙니다. 우리는 우리가 할 수 있는 일을 하고 그런 다음 최선을 다해 놓아줍니다. 우리는 위대한 음악가이신 하느님께서 우리의 소박한 노력에서 놀라운 일을 이루시기 위해 우리 주위를 채워 주실 것을 믿기로 선택합니다.

# 불완전하지만
# 단 하나뿐인 양육

아이들이 공공장소에서 말썽을 피우면
저는 "너희 엄마한테 이른다!"라고 소리치고
마치 제 아이가 아닌 척합니다.
- 작자 미상

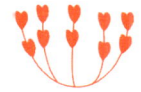

    누군가가 코미디언 짐 개피건Jim Gaffigan에게 다섯 번째 아이가 태어났을 때 기분이 어땠는지 물었습니다. 그가 대답했습니다. "자신이 물에 빠져 허우적대고 있다고 상상해 보세요. 그 상황에 누군가 당신에게 아기를 건넵니다." 저 관찰에 따르면 수많은 부모들이 첫아이 때 이런 느낌을 받습니다.

    육아는 정말로 모험입니다. 그 어떤 모험보다 더 지치면서 흥미진진하고, 충만하면서 무너질 것 같습니다. 무섭지만 위대하고 가슴이 아프지만 성스러운 모험입니다. "완벽하게 하기란 불가능하다."고 제가 말했나요?

수년간 사제로 살면서 저는 이 모든 것에 압도당하거나 자신이 제대로 양육하고 있지 않다고 걱정하는 많은 부모들과 이야기를 나눴습니다. 물론 그들은 완벽하지 않습니다. 완벽한 육아란 존재하지 않습니다.

많은 육아 관련 서적들이 읽고 나면 더 열등감을 느끼게 합니다. 그리고 거의 대부분의 부모들의 소셜 미디어 게시물에는 그들이 찾을 수 있는 가장 귀엽고 완벽한 아이들의 사진이 있습니다. (이 책 끝부분의 부록 '어린이들의 걱정과 질문'에서 자존감 문제로 씨름하는 아이들을 위한 간단한 성찰 두 가지를 제공합니다.)

안타깝게도 많은 연설가들이 부모 역할이라는 주제에 대해 가볍게 이야기합니다. 신부나 목사가 "오늘은 어버이날입니다. 우리 모두 큰 기쁨으로 가득 차 있습니다."라고 말하는 것을 들으면 마음이 아픕니다. 아닙니다 우리 모두가 큰 기쁨으로 가득 차 있지는 않습니다.

많은 사람들이 부모의 죽음을 슬퍼하고 부모와의

관계 단절을 슬퍼하거나 자녀를 낳지 못하는 자신의 처지를 슬퍼합니다. 많은 부모들이 자녀를 걱정하고 화를 내거나 자녀와 멀어져서 마음 아파합니다. 또 자녀를 잃고 이루 말할 수 없는 고통을 겪은 부모도 있습니다.

부모들은 자녀가 육아 능력에 대한 평가도 아니고 자기 자신의 모습을 반영하는 것도 아니라는 것을 알아야 합니다. 자녀가 무엇을 하든 하지 않든 어떻게 되든 상관없이 부모는 소중하고 사랑받는 존재입니다. 부모는 자녀에게 깊은 영향을 미치지만 자녀는 부모가 아니며 부모도 그들이 아닙니다. 부모로서 가장 중요한 일 하나는 자녀들을 있는 그대로 받아들이고 있음을 자녀들이 알게 하는 것입니다. 오직 부모만 할 수 있는 방식으로 자녀를 무조건적으로 사랑함으로써 이를 실천합니다.

무엇이 필요할지 미리 완벽하게 알 방법은 없습니다. 특정 연령대의 아이에게 효과적이던 것이 나중에는 더 이상 효과가 없을 수 있습니다. 한 아이에게 효과가 있던 것이 다음 아이에게는 효과가 없을 수도 있습니다.

제 친구 제리는 몇 년 동안 부모의 변화와 적응에 대해 논평하면서 자기 집 큰딸이 막내동생에게 "나한테도 너네 부모님이 있었으면 좋겠다."라고 말한 적이 있다고 했습니다. 적응과 모험은 끝나지 않습니다.

일부 사람들은 유머 감각이 도움이 된다는 것을 알게 됩니다. 사촌 미키는 아이가 어렸을 때 "많은 사람들이 아이들 교육비로 돈을 모아 두는데 저는 아니에요. 하지만 저는 제가 아이들을 망치고 있다는 걸 알아서 아이들을 위한 상담 비용만큼은 따로 모을 거예요."라고 말했습니다. 그녀는 반쯤 농담을 한 것이었습니다.

제가 부모라면 소아과 의사 레베카 다이아몬드 Rebekah Diamond의 말에서 위안을 얻을 것입니다. "아직도 완벽한 육아가 있다고 생각한다면 소아과 의사이자 육아 관련 책의 저자인 저의 아이가 오늘 저녁 딸기를 케첩에 찍어 먹고 있다는 사실을 알아 두십시오."

부모로서 자신을 내려놓아야 할 경우는 무수히 많습니다. 그것은 끝이 없습니다. 모성애는 평생 심장의 일부가 몸 밖에서 걸어 다니는 엄청난 위험으로 아름답게 묘사되곤 합니다.

모든 아빠와 엄마가 버려야 할 한 가지 생각은 바로 완벽한 육아를 할 수 있다는 생각입니다. 다시 말하지만 그것은 불가능합니다. 우리는 최선을 다할 뿐입니다. 물론 배워야 할 중요한 기술과 변화를 불러올 새로운 접근 방식이 있습니다. 예를 들어 부모라면 자신이 어떻게 훈육되었는지 인식하여 자녀를 훈육하는 방식에 대해 의도적으로 행동할 수 있습니다. 일반적으로 첫 번째 충동은 자신의 부모가 했던 일 중에서 자신이 좋아하지 않았고 도움도 되지 않았던 바로 그 일을 하는 것입니다. 우리는 다르게 할 수 있습니다.

어쨌든 모든 것이 나에게 달린 것은 아닙니다. 좋은 부모가 되고자 하는 열망은 그 자체로 하느님의 은혜가 나를 통해 흐르기에 충분합니다. 스스로 그것을 알아차리지 못하더라도 말입니다. 자신이 충분히 좋은 부모인지 걱정하고 있다면 아마 이미 그런 부모일 것입니다.

저는 부모들이 하느님의 마음에 대한 특별한 통찰력을 지니고 있다고 생각합니다. 어린 자녀를 둔 부모들은 아무리 힘든 하루를 보냈어도 잠든 자녀를 보면 자녀를 얼마나 사랑하는지 다시금 깨닫게 된다고 말합니다. 자녀를 둔 엄마나 아빠라면 이런 순간에 마음속에서 솟구치는 사랑이 하느님의 모습일 뿐만 아니라 실제로 우리 안에 계신 하느님이라고 주장하고 싶습니다.

영광이라고는 찾을 수 없음에도, 모든 아픔과 고생에도 이 사랑은 아름답고 거룩한 소명입니다. 부모의 사랑은 우주의 중심에 있는 타인 중심의 사랑 즉 하느님의 사랑을 엿보게 해 줍니다.

정말 힘들었던 날, 눈에는 눈물이 가득 고이고 심지어 주저앉아 울음이 터질 때 그 순간 자신이 다른 누구도 이해할 수 없는 방식으로 하느님을 이해한다는 사실을 기억하십시오. 그리고 마찬가지로 하느님도 나를 이해하고 계신다는 것을 기억하십시오. 하느님의 마음속에는 나만을 위한 특별한 자리가 있습니다.

# 평범한 하루

지혜는 우리가 얻기 위해 노력해야 하는 것이 아닙니다. 오히려 속도를 늦추고 이미 있는 것을 알아차릴 때 자연스럽게 생겨납니다.

— 혜민 스님

영화 '가프'The World According to Garp에서 주인공(로빈 윌리엄스 분)은 가정에서 '미스터 맘' 역할을 합니다. 아침을 준비하고 목청껏 노래하는 아이들을 실어다 학교에 보내고 하교 후에는 공원에 가는 등 아이들과 함께 평범한 하루를 보내는 모습이 나옵니다. 그리고 밤이 되면 아이들을 재우고 이마에 뽀뽀해 준 뒤 조용히 방을 나옵니다. 주방에 들어서자 생계를 책임지는 아내가 퇴근합니다. 아내가 오늘 하루 어떻게 보냈냐고 묻자 그는 놀라운 대답을 합니다. "오늘은 정말 멋진 하루였어."

우리도 그렇게 말할 수 있을까요? 평범하고 불완전한 하루를 살면서도 멋진 삶을 경험할 수 있을까요? 저도 여러분도 매일 모든 평범하고 일상적인 활동(침묵과 상호 작용의 리듬, 아름다움과 평범함, 좌절와 성공)에 진심으로 집중한다면 어떤 평범한 하루의 끝에도 "오늘은 정말 멋진 하루였어."라고 말할 수 있다고 생각합니다.

삶의 고통과 슬픔을 절대 부정하지 않습니다. 어떤 날은 정말 끔찍합니다. 하지만 평범한 하루는 어떨까요? 사랑하는 사람을 갑작스레 잃은 많은 사람들이 평범하고 불완전한 하루라도 그들과 함께할 수만 있다면 무엇이든 줄 수 있다고 말합니다.

우리는 종종 하루를 달리듯 살아갑니다. 앞날에 대해 너무 불안해하거나 짧은 순간에도 너무 많은 것에 집중하느라 그 속에 담긴 진정한 축복을 놓치거나 잊어버립니다.

매일은 희망과 슬픔, 두려움과 즐거움, 축복과 상처, 상실과 웃음이 섞여 있습니다. 많은 사람들이 평범하고 불완전한 일상이 아니라 특별하거나 극적인 무언가가 있어야만 멋진 하루라고 여깁니다. '~면 좋을 텐데.'라는 해로운 사고방식에 빠져 있기 때문입니다.

이 사고방식의 주요 증상은 '~면 좋을 텐데.'라는 말이 우리의 세계관에 존재하는 것입니다. 이것은 어릴 때부터 시작됩니다. 학령기 아이들이 다음과 같이 생각하거나 느낄 때 명백하게 나타납니다. "휴대폰만 있으면 행복할 텐데." "고등학교나 대학에만 가면 진짜 인생이 시작될 텐데." "저 팀에 들어갔어야 했는데." "그녀가 나랑 데이트해 준다면 살맛이 날 텐데." "차가 있었어야 하는데." "내 소셜 미디어에 '좋아요'가 많으면 자신감이 생길 텐데."

나이가 들어서는 "결혼만 했어도 안정을 찾았을 텐데." 또는 "우리에게 아이만 있었어도 교회에 다니며 신앙생활을 했을 텐데."라는 생각을 하게 됩니다.

이러한 생각은 계속 이어집니다. "은퇴하고 숨 돌릴 시간이 생기면 좀 더 잘 살아 볼 텐데." 그러나 이미 늦었습니다. "~면 좋을 텐데."라는 생각 때문에 현재

주어진 삶을 살지 못했습니다. 끔찍하게도 이런 일은 너무 흔합니다.

해결책은 무엇일까요? 일상의 평범함에 깃든 축복을 깨닫는 것입니다. 그리고 다시 생각해 봅니다. 무엇이 정말로 나를 기쁘게 하는가? 지금 내 주변에 어느 정도는 있지 않을까?

앞으로(열세 번째 장에서) 다루겠지만 우리 내면에서 행복을 찾기는 쉬운 일이 아닙니다. 하지만 다른 곳에서 행복을 찾는 것은 아예 불가능합니다. 이것이 바로 엄청난 비밀입니다. 기쁨은 지금 그리고 매 순간 그것을 볼 수 있을 만큼 깨어 있기만 하다면 누구나 누릴 수 있습니다.

제가 사제로서 오랫동안 중요하게 생각해 온 질문은 "하느님은 우리 삶에 어떻게 나타나시는가? 하느님은 우리에게 어떻게 오시는가?"입니다.

그 대답은 작가이자 전직 심리 치료사인 폴라 다르시Paula D'Arcy의 의미심장한 문장에서 찾을 수 있습니다. "하느님은 당신의 삶으로 위장하여 당신에게 다가

오십니다." 하느님은 우리 주변의 평범하고 불완전한 사람들 사이에서, 어수선하고 혼란스러운 시간 속에서, 사랑과 이별, 웃음, 두려움, 지루함, 상심, 그리고 우리가 자기 마음속에서 발견한 것들을 통해서 우리에게 다가오십니다. 사실입니다. 하느님은 우리 삶으로 위장해서 우리에게 다가오십니다. 다른 방법은 없습니다.

우리는 모두 오늘(그리고 매일의 '오늘')을 더 많이 깨어 살도록 초대받았습니다. 그래서 하루의 끝에 누군가 "오늘 하루 어땠어?"라고 물으면 우리의 대답은 "오늘 정말 멋진 하루였어."가 될 수 있습니다.

# 어떻게 비교하나요?

(끔찍한 질문이지요)

너 자신이 되라. 다른 사람은 이미 있으니까.

- 오스카 와일드Oscar Wilde

　매우 유혹적이고 중독성이 강하며 실제로 널리 퍼져 있는 세계가 있습니다. 그것은 해롭고 때로는 치명적이기도 합니다. 바로 비교의 세계입니다.

　비교의 세계는 우리가 자기 삶이나 자신의 선함에서 눈을 돌려 존재하지 않는, 추정되는 다른 사람들의 삶을 보라고 유혹합니다. 비교의 세계는 우리가 자신의 일상에 깃들어 있는 축복을 바라보는 대신에 자신이 다른 사람보다 나은지 부족한지 재어 보도록 속입니다.

　비교는 매혹적인 소셜 미디어의 세계에서 무성합니다. 대부분 사람들은 가장 멋진 자기 모습과 가장 행복한 순간의 사진을 게시합니다. 보통은 자신이 잘하거나 좋아하는 일을 하면서 즐기는 것처럼 보입니다.

물론 당연합니다. 누가 가족끼리 다투는 모습이나 과음 후 토하는 자기 사진을 올리겠습니까? 탁자 위에 쌓인 청구서를 걱정스럽게 보는 사진을 본 적이 있습니까? 우는 아이를 업은 채 빨래 더미를 헤치고 있는 피곤에 지친 눈빛의 자기 사진을 게시하는 사람이 누가 있겠습니까?

소셜 미디어를 보며 스크롤을 하다 보면 대부분 온라인상 다른 사람들의 삶과 자신의 삶이 달라 보입니다. 불안감과 외로움이 우리 내면을 괴롭힙니다.

물론 소셜 미디어 계정이 없어도 비교의 세계로 빨려 들어갈 수 있습니다. 예전에는 이를 '남 따라잡기'라고 불렀습니다. 안타깝게도 이것은 어린이들 사이에서도 너무나 흔한 일입니다. 옷이나 외모 등 실제 그들의 삶을 다른 사람과 비교합니다. 비교의 세계는 우리 주위에 있고 너무 자주 우리 안에 있습니다.

다른 사람과 자신을 비교할 때 우리는 항상 우리보

다 더 인기 있고 더 매력적이고 더 운동 능력이 뛰어나고 더 부유하고 더 성공적이고 더 똑똑하고 더 많은 좋아요와 팔로워를 가진 사람들이 있다는 것을 알게 됩니다. 비교는 영혼을 죽입니다. 그리고 명백한 진실은 그 어떤 것도 중요하지 않다는 것입니다!

때때로 우리는 자신이 다른 사람들보다 우월하다고 느끼기 위해 다른 사람과 자신을 비교합니다. 이런 비교 또한 우리의 삶을 짓누릅니다. 복음서를 보면 예수님은 누구를 멸시하지도 그렇다고 우러러보지도 않으셨습니다. 예수님은 항상 사람들에게 눈을 맞추며 바라보셨고 우리도 그렇게 하길 원하십니다. 우리는 인간성을 공유하며 가음 깊은 곳에는 서로 다름보다는 닮음이 있기에 더욱 소중하고 중요한 존재입니다.

이 거울의 방에서 벗어날 방법은 없을까요? 비교라는 위험한 세계에서 벗어나는 것은 중요하고 어려운 일입니다. 하지만 가능하며 도움이 되는 많은 것들이 있습니다.

한 가지 방법은 생각을 바로잡는 것입니다. 앞서 언

급했듯이 현실에서는 비교 세계의 어떤 것도 중요하지 않습니다. 그렇지 않습니까! 우리 한 사람 한 사람은 실시간으로 하느님의 소중한 자녀입니다. 우주의 모든 사랑이 매 순간 나와 함께하고 내 안에 있습니다. 소셜 미디어는 현실이 아니지만 소중한 내 삶은 현실입니다. 이러한 사실을 이해하기 어렵다면 신뢰할 수 있는 사람 즉 마음을 털어놓을 수 있는 사람을 찾아가 자신이 얼마나 진실한지 깨닫도록 도움을 구하십시오.

소셜 미디어 없이는 자기 자신과 유효한 대화가 불가능하다면 소셜 미디어 사이트에 접속하지 마십시오. 소셜 미디어상의 안식년을 가져 보십시오. 그렇게 함으로써 큰 자유를 얻었다는 사람들의 이야기가 점점 더 많이 들릴 것입니다. 그들은 자신이 실제 삶을 사는 대신에 자기 플랫폼에서 보이는 모습을 비교하면서 이미지 관리에 왜 그렇게 많은 시간을 낭비했는지 궁금해합니다.

가장 중요한 일은 실제 삶에서 감사를 실천하는 것입니다. 우리는 감사를 실천해야 합니다. 우리 뇌는 물

리적으로 부정적 사고, 두려움, 상실, 외로움에는 집착하도록 고정화되어 있으면서 축복에 감사하는 마음을 가지려고 하거나 가르침을 받지는 않습니다. 우리는 의도적으로 뇌의 해당 부분을 훈련해야 합니다. 감사하는 마음의 기쁨과 평화를 키우는 방법은 많습니다. 그 이야기는 책 뒷부분에서 할 것입니다.

사실 우리는 스스로 훈련할 수 있습니다. 우리는 진짜입니다. 우리는 사랑받고 있습니다. 우리는 선합니다. 우리 삶은 소중합니다. 우리는 지극히 축복받았습니다. 이 최고의 진실을 기억하도록 우리 자신을 훈련할 수 있습니다.

누구나 현실 세계에서 사는 것은 때때로 정말 힘듭니다. 하지만 비교의 세계는 위험한 곳입니다. 바로 내 눈앞에 있는 축복은 그 비교의 세계에서 볼 수 있는 그 어떤 것보다 훨씬 더 심오합니다. 저는 그 축복을 놓치고 싶지 않습니다. 저는 여러분과 저를 위해 기도합니다. 우리가 이 평범하면서도 소중하고 불완전하지만 중요한 삶의 축복을 놓치지 않기를 바랍니다.

# 거울이 말을 한다면 뭐라고 말할까요?

솔직히 내게 얼굴이 두 개라면 지금 이 얼굴로 말하고 있겠습니까?

– 에이브러햄 링컨Abraham Lincoln

코미디언 데이비드 레터맨David Letterman이 '말하는 거울에게서 가장 듣고 싶지 않은 말 열 가지'를 선보인 적이 있습니다. 저는 다음 말들에 웃음을 터뜨렸습니다. "미안하지만, 당신은 이렇게 생겼어요." 그리고 "당신은 정말 거울 타입이 아니네요."였습니다.

이 말들이 웃겼던 이유는 재치가 있었기 때문입니다. 그리고 동시에 슬펐던 이유는 수많은 사람들이 거울이 말할 수 있다면 딱 이런 말을 들을까 봐 두려워하며 살고 있다는 사실을 떠올렸기 때문입니다.

건강한 영혼은 무엇보다도 우선 올바른 시각을 갖

는 것입니다. 우리 몸을 살펴볼 때도 가장 중요한 것은 눈으로 보기 어렵습니다.

우리가 누구인지에 대한 많은 판단은 우리 몸에 대한 감각과 거울을 통해 무엇을 보는지에서 비롯됩니다. 우리 가운데 얼마나 많은 사람이 몸무게를 창피해하고, 나이 먹기를 싫어하고, 건강 염려증이나 자기 외모에 실망감을 가지고 있나요? 특히 여성들은 보정된 이미지의 비현실적 '아름다움'의 기준에 따라 평가되어 왔습니다.

많은 사람들이 상처나 질병, 유전적 요인(또는 광고 모델에 비해 몸매가 좋지 않다고)에서 자기 몸이 마음에 들지 않는다고 말합니다.

물론 우리는 몸 이상의 존재입니다. 그러나 우리의 몸도 매우 중요합니다. 고대 켈트인에게 몸은 실제로 경전의 일부였습니다. 몸은 그들에게 하느님께서 세상에 들어오시기 위해 육신을 선택하셨다는 사실을 상기시켰습니다. 하느님은 예수님 안에서 육체를 단 한 번만 선택하신 것이 아닙니다. 하느님은 이 세상에 육화하기 위해 여러분과 저의 육체를 선택하셨습니다.

우리는 불가능한 신체적 이상을 추구하는 문화 속에 살고 있습니다. 광고 사진 촬영 일을 하던 친구는 모든 사진이 포토샵으로 보정된다고 말했습니다. 파파라치가 화장을 하지 않은 스타의 모습을 찍으면 뉴스거리가 되지 않습니까? 심지어 유전적으로 유리한 조건을 가지고 있고 아마도 미용상으로 강화되었으며 매일 개인 트레이너의 관리를 받는 사치를 누리는 슈퍼모델조차 화장하지 않은 모습을 보이는 것을 조심합니다. 중력은 모든 사람에게 영향을 미치며 성형 수술을 해도 영원히 그런 모습을 유지할 수는 없습니다. 결국 우리는 모두 나이가 들면서 신체에 미치는 영향을 직면하게 됩니다.

우리는 비현실적인 신체 이미지의 노예가 될 수 있습니다. 단순히 삶을 낭비하는 것 이상으로 우리는 스스로에게 실질적인 해를 끼칠 수 있습니다.

한번은 피정 중에 자기 몸에 사과하는 시간을 가졌습니다. 고등학생 시절 운동을 할 때는 통증을 무시하고 더 열심히 하면 통증이 사라질 것이라는 말을 들었습니다. 이것은 대학생 시절과 그 이후에도 제가 취한 접근 방식이었습니다. 그 당시에는 대부분 그 접근법이 효과가 있는 것처럼 보였지만 지금은 정신을 흐트러뜨리는 통증과 종종 관절이 뻣뻣해지는 대가를 치르고 있습니다. 인간의 몸은 잊지 않습니다. 어렸을 때 몸이 주는 명료하고 단순한 지혜에 더 귀를 기울였더라면 좋았을 것입니다.

대부분의 경우에 그렇듯이 모든 일에서 유머 감각을 유지하는 편이 때때로 도움이 됩니다. 제가 가장 좋아하는 의도적 오용 중 하나는 '백설공주'에 나오는 말하는 거울을 이렇게 바꾼 것입니다. "거울아 거울아 세면대 거울아, 희망을 품고 일어났는데 네가 그걸 망치는구나."

우리의 마음 챙김(비판적이지 않고 자신의 생각과 감정을 인식하는 것)이 개발해야 할 중요한 기술이라는 것을 우리는 익히 들어 잘 알고 있습니다. 우리는 또한 건강한 '몸의 충만함'을 개발해야 합니다. 다행히도 우리는 주어진 우리 몸을 소중히 여기고, 굼이 우리에게 속한 동안 부드럽게 대하는 법을 배울 수 있습니다.

이 책 끝부분에 있는 부록 '부서지고 사랑받는 우리의 몸'에서는 우리가 있는 그대로의 몸을 하느님께 가져다 드리도록 초대하는 명상을 제공합니다. 때때로 자신이 충분하지 않다는 생각이 들겠지만 진실은 하느님께서 우리와 우리에게 주어진 몸을 사랑하신다는 것입니다.

언젠가 우리는 우리가 알고 있는 불완전한 몸을 포기해야 할 것입니다. 지금은 우리의 존재를 담고 있습니다. 퀼트족 조상들의 가르침처럼 우리의 불완전하고 때로는 상처투성이인 몸도 하느님을 담고 있습니다.

# 불완전한 삶 속
# 완벽한 순간들

(세 가지 이야기)

남이 행복해지길 원한다면 자비를 실천하십시오.
자신이 행복해지고 싶다면 자비를 실천하십시오.

– 달라이 라마Dalai Lama

젊은 엄마 브리는 일과 육아의 압박감에 짓눌리면서도 기도 생활에 충실하려고 노력했습니다. 그녀는 시간을 쪼개어 관상 기도 워크숍에 참석했습니다.

브리는 다른 참가자들에게 자신을 너무 많은 일에 끌려다니느라 관상 기도하기에 실패한 젊은 엄마라고 소개했습니다. 삶과 일, 아이들에 치여 위태로워 보였습니다.

워크숍 도중 어느 순간에 그녀는 "아기를 등에 업고 노트북으로 일을 시도하는데, 또 한 아기는 바닥에서 울고 있고, 가스레인지에서는 음식이 타고 있어요.

새벽에 아무리 일찍 일어나도 항상 아이들이 아침 기도 시간을 방해하는데 관상하는 엄마의 아이콘은 어디에 있을까요?"라고 격앙된 목소리로 말했습니다.

워크숍 리더는 이렇게 대답합니다. "좋아요. 브리, 당신은 당신을 맡고, 내가 하느님 역할을 해 보겠습니다." 그리고 참석자들 앞에서 하느님을 대신하여 말하기 시작했습니다. "브리, 네가 일찍 일어나 기도하는 것은 내게도 의미가 크구나. 네가 나를 얼마나 사랑하는지, 나와 함께 시간을 보내려고 일찍 일어나는 것을 나는 안다. 그리고 그것이 얼마나 소중한지 이루 말할 수 없구나." 그는 이어서 이렇게 마무리합니다. "브리, 너는 너무나 소중하고, 사랑스럽기 그지없단다. 그래서 나는 네 아이들의 몸으로 뛰어들어 그들을 깨우지. 브리 네 품에 안기는 기분이 어떤지 알고 싶어서 말이다."

브리는 흐느끼기 시작했고 그곳에 함께한 모든 사람이 눈물을 닦았습니다. 감당하기 힘든 상황들 속에서 헤매고 있는 초보 엄마 브리였지만 하느님은 그녀

품에 안기는 느낌을 알고 싶어 하셨습니다. 그래서 하느님은 그녀의 아이들 몸으로 들어가 그들을 깨웠습니다. 그렇게 하느님은 브리에게 다가오셨습니다.

그것이 바로 우리 하느님이 하시는 일입니다. 우리가 살고 있는 이 세상과 이 시대의 복된 혼란 속으로 하느님은 오십니다. 하느님은 우리를 너무나 사랑하셔서 우리와 함께하기 위해 서둘러 달려오십니다.

♦ ♦ ♦

테드는 은퇴한 교사였습니다. 몇 년 전 저는 예순한 살의 나이로 세상을 떠난 테드의 남동생 아티의 장례 미사를 집전했습니다. 아티는 다운 증후군을 앓았고 테드와 한집에 살았습니다. 테드는 친절하고 온화한 사람으로, 평생 아티를 돌보았고 노모를 돌아가실 때까지 보살폈습니다.

어떤 사람들은 테드가 자기 삶을 제대로 살지 못했다고 생각합니다. 그가 어머니와 동생을 돌보기 위해 많은 것을 포기한 것은 분명합니다. 하지만 테드를 알았다면 그가 삶에 대한 깊은 지혜와 고요한 평화를 지니고 있었다는 것을 느꼈을 것입니다.

장례식 몇 주 뒤에 테드를 만났을 때 나는 아티를 묻고 나서 그의 삶이 어떤지 물었습니다. 테드의 대답은 저에게 깊은 감동을 주었습니다. 그는 이렇게 말했습니다. "정말 고맙습니다 조 신부님. 신부님이 아시다시피 아티는 저를 필요로 했어요. 아티를 돌볼 사람은 저밖에 없었거든요." 그러고는 울먹이며 말했습니다. "수년 동안 제 기도는 제가 아티보다 하루라도 더 오래 살아서 아티를 돌볼 수 있게 해 달라는 것이었습니다. 제 눈물은 제가 그렇게 할 수 있어서 정말 감사하기 때문입니다."

여러분도 테드 같은 사람을 만나 보셨기를 바랍니다. 겸손한 성품으로 우리에게 용기를 주는 사람, 하느님 마음의 선하심을 엿보게 해 주는 사람 말입니다. 뿐만 아니라 그런 방식으로 여러분을 사랑해 준 사람이 있었기를 바랍니다. 하느님은 그런 겸손하고 충실하며 자기희생적 사랑으로 우리를 사랑하십니다.

◆ ◆ ◆

페이삭 크론Paysach Krohn은 인간의 선함에 대한 가슴 따뜻한 이야기를 들려줍니다. 그는 자신의 책 『Echoes of the Maggid』(다기드의 메아리)에서 우리의 불완전한 일상생활 속에서 완벽함의 문제를 아름답게 풀어낸 인상적인 연설을 소개합니다.

한 아버지가 학습 장애 아동을 위한 우다인 학교 모금 행사에서 연설을 했습니다. 그는 헌신적인 교직원들에게 감사를 표한 후 하느님께서 하시는 일은 항상 완벽함으로 가득하다고 배웠다고 말했습니다. 그는 자기 아들이 다른 아이들처럼 읽거나 셈하거나 이해하지 못하는데 하느님의 완벽함을 어디에서 찾을 수 있겠느냐고 어처롭게 묻습니다.

그런 다음 그는 자기 질문에 스스로 답했습니다. 그는 하느님의 완벽함은 사람들이 그 아이들을 대하는 방식에서 찾을 수 있다고 말했습니다.

그는 아들 샤야와 함께 공원을 지나던 날을 회상합니다. 공원에는 샤야가 아는 소년들 몇이 야구를 하고 있었습니다. 샤야는 그들이 자신을 그 놀이에 끼워 줄지 궁금해했습니다. 아버지는 아들이 운동에 소질이 전혀 없음을 알고 있었고 그 소년들이 아들에게 기회를 줄 것 같지도 않아 보였는데, 그들 중 한 명이 좋다고 말했습니다.

9회 말, 팀이 지고 있는 상황에서 샤야가 타석에 섰습니다. 투수는 샤야가 배트를 제대로 잡지 못하는 것을 보고 몇 걸음 더 가까이 다가가 공을 부드럽게 던져 샤야가 공을 치기 쉽게 했습니다. 샤야 팀의 동료 중 한 명이 배트를 잡는 것을 도와주었고 두 사람은 함께 배트를 휘둘러 투수 앞으로 부드럽게 땅볼을 쳤습니다.

투수는 공을 잡아 일부러 1루수의 손이 닿지 않는 우익수 쪽으로 던졌습니다. 모두가 샤야에게 계속 달리라고 했고 상대편 선수들이 일부러 공을 넓게 던지는 동안 샤야는 계속 달렸습니다. 모두의 환호를 받으며 샤야는 홈 베이스까지 달렸습니다. 팀원들은 샤야를 어깨 위로 들어올리고 영웅으로 만들었습니다. 샤야는 '단루 홈런'을 쳐서 팀의 승리를 이끌었습니다!

아버지는 눈물을 흘리며 청중에게 그날 18명의 소년이 하느님의 완벽함에 닿았다고 말했습니다. 그들은 그렇게 했습니다.

때때로 우리는 잊어버립니다. 인생은 힘들지만 아름답다는 것을 말입니다. 그리고 우리는 궁극적으로 모두 한 팀입니다.

혹시라도 자신이 어울리지 못한다고 느낀다면 바깥에서 안을 들여다보는 사람이라면 그날 샤야를 위해 그 아이들이 그랬던 것처럼 진정으로 친절하고 자비로운 사람이 되고자 하는 충동을 느끼는 사람들이 곁에 있기를 바랍니다. 여러분도 그런 사랑을 받을 자격이 있습니다.

그리고 주위에 어울리지 못하고 어색해하거나 고통스러워하는 사람이 있다면 여러분 안에 있는 그 동일한 충동에 귀를 기울여 진정으로 사랑하고 자비를 베푸는 사람이 되기를 바랍니다. 여러분과 제가 자비와 포용으로 행동하는 그 순간, 우리는 모두 삶에서 하느님의 완벽함에 도달할 것입니다.

# 목표

제 목표는 올해 5킬로그램 감량이었습니다.
이제 7킬로그램 남았습니다.

- 다이어트 노트의 제목

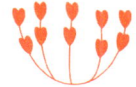

목표를 설정하는 데에는 이유가 있습니다. 목표에는 가치가 있습니다. 목표는 우리에게 중요한 것을 명명하고 기억하는 데 도움이 될 수 있습니다. 목표는 우리가 하루하루를 살아갈 때 의도를 가지고 살아가도록 도와줍니다. 하지만 안타깝게도 목표는 우리가 현재의 삶을 놓치게 할 수도 있습니다.

완벽주의 경향이 있는 사람이라면 완벽주의를 완전히 없애려고 하는 것은 좋은 목표가 아닙니다. 완벽주의 에너지는 여러분이 세상에 가져다주는 진정한 선물의 일부입니다. 그것은 여러분을 여러분답게 만드는 복잡한 레시피의 재료 중 하나입니다. 그리고 여러분보다 더 잘 여러분이 될 수 있는 사람은 아무도 없습니다!

목표는 완벽주의자가 되지 않는 것이 아닙니다(완벽주의자가 되지 않으려다가 오히려 완벽주의자가 되기도 합니다!). 목표는 우리가 누구인지 더 평화롭게 받아들이고 기쁨과 의미 있는 삶을 살아가는 것입니다. 우리의 완벽주의 에너지는 그렇게 하는 데 도움이 될 수 있습니다.

건강한 완벽주의 에너지는 우리가 성장하는 데 큰 도움을 줄 수 있습니다. 이는 우리가 세상이 어떻게 변할 수 있는지 보고 그 변화의 실현을 위해 우리 각자가 할 수 있는 일을 하도록 동기를 부여할 수 있습니다. 반대로 완벽주의 에너지가 건강하지 못하면 오히려 해가 될 수 있으며, 심지어 큰 해를 끼칠 수도 있습니다. 완벽주의 에너지의 파괴적인 힘에서 벗어나 그 장점을 최대한 활용할 줄 아는 것이 중요합니다. 그렇게 하는 데 도움이 되는 사고방식과 관점이 있습니다.

그중 하나입니다. 아이들과 함께 장거리 운전을 해

본 적이 있다면 "우리 다 왔어?"라는 질문을 들어 봤을 것입니다. 이 말은 대개 "왜 아직 안 왔어?"라는 의미입니다.

인생 여정을 걷다 보면 저도 여러분도 종종 같은 질문을 하게 됩니다. 우리는 목적지에 도착하기만 하면 삶이 나아질 것이라고 생각합니다. 그래서 아직 그곳에 도착하지 못한 것에 좌절합니다. 원하는 목적지란 마침내 달성한 체중 감량이나 합당한 급여, 소셜 미디어의 '좋아요' 개수 등 "드디어 도착했다!"를 나타내는 수많은 것들 중 하나일 수 있습니다.

그런데 인생은 그런 식이 아닙니다. 인생은 우리가 어떤 목적지에 도착했을 때 시작되지 않습니다. 여정 자체가 가장 중요합니다. 오늘이 바로 우리에게 주어진 하루입니다. 실망과 기쁨, 시련과 감등, 상실과 웃음이 있는 오늘이 바로 그것입니다! 지금 이 순간 여정 자체에 집중하는 법을 배우면 헤아릴 수 없는 축복이 찾아옵니다.

올림픽을 위해 훈련 중인 한 젊은이와 이야기를 나

눈 적이 있습니다. 그는 이런 관점을 유지하기 위해 노력했습니다. 그는 뛰어난 운동선수였습니다. 타고난 재능뿐만 아니라 피나는 노력도 했습니다. 그는 저에게 혹독한 훈련 일정을 설명했고 저는 그 상황 속에서 그가 어떤 기분인지 물었습니다.

그는 가끔 친구들을 질투할 때가 있다고 말했습니다. 그들과 달리 그는 종종 새벽 3시 30분에 하루를 시작했습니다. 그는 친구들이 먹는 음식을 먹을 수 없었고 친구들이 하는 재미있는 일도 하지 못하는 게 많았습니다. 그는 가족 휴가에 자주 참석할 수 없었으며 고되고 외로운 훈련에 수많은 시간을 보냈습니다.

그에게 도전과 좌절, 고된 일상을 어떻게 극복했는지 묻자 이렇게 말했습니다. "모두 '결승선에 집중하라.'고 말하지만 그게 전부일 수는 없습니다. 단지 결승선만 바라보는 것으로는 충분하지 않습니다. 얼마나 많은 운동선수들이 거기에 도달하지 못하는지 아십니까? 저처럼 훈련하고 저처럼 일하고 저희 부모님처럼 가족의 희생이 있어도 결국 결승선에 도달하지 못한 선수들이 수십만 명입니다. 기록이 안 나오거나 무릎이나 어깨를 다쳤기 때문이지요."

그리고 그는 이어서 말했습니다. "그 과정에서 무언가를 찾아야 합니다. 자신이 단지 한 명의 운동선수가 아니라 한 사람이라는 사실을 알아야 합니다. 우리 모두 승리의 길로 결승선에 이르는 것은 아닙니다. 지금 이 순간의 삶이 중요하다는 것을 깨달아야 합니다."

젊은 나이에 이런 통찰력이 있다니 놀랍습니다. 결국 이 젊은이는 올림픽에 출전하지 못했습니다. 근접했지만 출전 자격은 얻지 못했습니다. 그는 크게 실망했지만 동시에 괜찮았습니다. 그는 진실을 알기에 괜찮았습니다. 그에게 중요한 것은 결승선에만 있지 않았고 그 여정 자체에 있었습니다.

누군가에게는 결승선에 대한 희망과 이룰 수 있는 꿈이 앞으로 계속 나아가는 원동력이 될 수도 있습니다. 하지만 우리 모두에게 진정한 목표는 그 여정 자체에 있습니다.

# 여정,
# 내면으로부터 살아가기

내면이 변하면 주변도 바뀐다.

– 작자 미상

고전 동화 '오즈의 마법사'를 안다면 허수아비, 사자, 양철 나무꾼, 도로시라는 소녀가 자신들에게 절실히 필요하다고 믿는 것을 찾기 위해 모험을 떠나는 내용을 알 것입니다. 그들은 각자 자기들에게 부족한 것을 마법사가 채워 주기를 바랍니다. 이 네 명은 놀라운 여정에서 친구가 되어 서로를 돕습니다. 결국 그들은 자신이 원하는 것이 이미 자기 내면에 있었다는 것을 깨닫습니다.

  이것은 우리의 이야기이기도 합니다. 우리는 함께 여정을 이어 가면서 종종 부족함을 느끼고 우리 안에 무언가가 빠져 있다고 생각합니다. 우리가 필요한 것이 무엇이든 우리는 그것이 '저 밖에 어딘가에' 있다고 생각하고 그것을 필사적으로 찾아야 한다고 생각합니다. 결국 우리는 그것을 오직 그것이 항상 있던 곳에서만 찾을 수 있습니다. 그것은 이미 우리 안에 있습니다.

저는 너무 오랫동안 내가 충분히 괜찮은 사람임을 세상에 증명하려고 애를 썼고 스스로도 그렇게 믿을 수 있을 거라고 생각했습니다. 다른 사람들이 나를 충분히 괜찮다고 생각할 만한 방식으로 살 수 있다면 나도 마침내 나를 괜찮다고 받아들일 수 있을 것이라고 생각했습니다.

완벽주의에 시달리는 대부분의 사람들처럼 저는 오랫동안 "나는 다른 사람들에게 충분히 괜찮은 사람일까?"라는 질문을 던지는 실수를 저질렀습니다. 진실은 내가 모든 사람에게 충분히 괜찮은 사람이 될 수 없다는 것입니다. 나는 모든 사람이 원하는 모든 것이 될 수 없습니다. 이런 낡은 사고방식이 효과가 없다는 사실에 슬퍼해야 했습니다. 우리는 모두 외부의 격려와 지원이 필요하지만 결국 다른 누구도 나 스스로 내 안에서 찾아야 할 것을 궁극적으로 줄 수 없다는 냉정한 현실을 받아들이기 시작했습니다. 다른 사람에게서 찾고 싶었던 나의 자존감을 내 안에서 찾아야 했습니다. 제가 해야 할 질문은 내가 다른 사람에게 충분히 괜찮은 사람인지가 아니라 "나는 나에게 충분히 괜찮은 사람인가?"였습니다.

여러분은 어떻습니까? 여러분 자신에게 충분히 괜찮은 사람인가요? 이 질문을 다르게 하면 다음과 같습니다. 우리는 내면으로부터 살아가도록 부름을 받았습니다. 우리의 유혹은 반대 방향으로 사는 것입니다. 상처받은 우리의 일부는 사랑을 얻기 위해 온갖 일을 다 해야 한다고 생각합니다. 우리 안의 두려움에 찬 부분은 우리가 받아들여지기 위해 가능한 한 성공적이고 실수 없이 자신을 만들어야 한다고 생각합니다. 우리 안에 말로 표현되지 않고 검토되지 않은 어떤 충동이 우리에게 더 매력적이고 순수하고 충실하고 그 밖에도 무수히 많은 것들이 되어야 믿을 만한 사람이 될 수 있다고 계속 말합니다.

그런 것은 필요 없습니다. 여러분은 이미 괜찮습니다. 여러분은 있는 그대로 사랑받고 사랑할 만한 사람입니다. 여러분이 누구든, 여러분은 중요하고 가치가 있습니다. 여러분에게 필요한 것은 이미 여러분 안에 있습니다.

독일 철학자 아르투어 쇼펜하우어 Arthur Schopenhauer는 "행복을 자기 내면에서 찾기는 어렵지만 다른 곳에서 찾는 것은 불가능하다."라고 말했습니다. 점점 더 많은 사람들이 있는 그대로의 자신을 받아들이고 평화를 누리기를 바랍니다. 가치를 증명하려고 애쓰는 시간을 줄이고 그냥 자기 자신으로 있는 것을 즐기는 시간을 더 많이 갖기를 바랍니다. 언젠가가 아니라, 만약이 아니라, 지금 있는 그대로의 여러분으로 말입니다.

노란 벽돌길을 따라 오즈의 마법사를 만나러 가는 네 캐릭터의 여정에서 사자는 자신이 이미 두려움과 용기가 뒤섞인 존재였고 앞으로도 그럴 것이라는 사실을 깨닫기 시작합니다. 허수아비는 종종 자신에게 머리(뇌)가 없다고 의심했지만 그의 생각은 항상 일행을 올바른 방향으르 이끌었습니다. 자신에게 마음이 필요하다고 여기던 양철 나무꾼은 이미 여리고 자상했습니다. 도로시는 간절히 그리던 집으로 가는 도중에도 친구들이 집처럼 느낄 수 있게 도와주었습니다.

여러분이 갈망하는 기쁨과 평화는 무지개 너머 어딘가에 있는 것이 아닙니다. 그것은 지금 여러분 안에 있습니다.

# 어린 시절의 상처

나는 모두가 자신이 충분하다는 것을
알았으면 좋겠습니다.

– 내 머리카락를 자르면서 스타일리스트 헤더 수잔Heather Sousan

　제가 완벽주의와 씨름한 것이 갑작스러운 일은 아닙니다. 너무 어려서 그렇게 표현하지는 못했지만 완벽주의는 제가 어려서 받은 상처를 극복하기 위해 저도 모르게 사용한 방법이었습니다.

　우리 아버지는 돈은 많지 않았지만 작은 집에서 여섯 명의 아이들을 키우기 위해 열심히 일한 착한 분이셨습니다. 아버지 연세가 예순일곱이셨을 때 어머니와 크리스마스트리를 사러 나갔다가 뇌동맥류로 쓰러지셨습니다. 그날 밤 아버지의 침대 옆에 식구들이 모였는데 방에 아무도 없던 순간이 있었습니다. 아버지는 의식이 없었지만 저는 그 기회를 통해 아버지에게 감사하고 사랑한다고 말하고 용서한다고 말했습니다. 저는 아버지의 '그 눈길'을 용서했습니다.

'그 눈길'은 때때로 제가 아버지의 평가 기준에 미치지 못할 때 저를 쏘아보던 경멸의 표정이었습니다. 마치 '나는 너라는 사람에게 혐오감을 느낀다.'라고 말씀하시는 것 같았습니다.

많은 사람들에게 '그 눈길'은 대수롭지 않았을 수도 있습니다. 하지만 제게는 매우 중요했습니다. 특히 어머니가 한 일 때문에 매우 중요했습니다.

어머니는 심성이 고우셨는데 힘든 삶을 사셨습니다. 어머니에게는 어린 시절 겪은 가난보다 학대가 더 큰 상처였을 것입니다. 어머니는 화나는 일이 있으면 소리를 지르며 요란하게 문을 닫고 방으로 들어가 침묵으로 일관하셨습니다. 저는 그것이 싫었습니다. 그 버림받음이 무서웠습니다. 정말 사랑이 사라진 느낌이었습니다. 사랑이 너무 자주 사라지는 것 같았습니다.

여섯 살의 저는 그러한 부모님을 이렇게 내면화했

습니다. '내가 충분히 괜찮은 사람이 되지 않으면 사랑이 사라질 것이다.' 그래서 저는 사랑을 얻고 사랑이 사라질 가능성을 피하기 위해 가능한 한 완벽하게 모든 것을 하려고 노력하는 사람이 되었습니다. 그 긴장감으로 배 속에 구덩이가 생긴 느낌이었습니다. 지금도 가끔 그 구덩이가 느껴집니다. 여러분도 어린 시절에 받은 상처가 있을 수 있습니다.

완벽주의는 아이가 자라면서 겪는 어려움에 대처하는 방법 가운데 하나입니다. 사실 우리가 완벽주의와 같은 대응책을 쓴 것은 우리 자신의 정서적 생존을 위한 것입니다. 우리 중 몇몇은 사람들을 기쁘게 하는 사람이 되고 또 몇몇은 아무도 못 말리는 강경한 사람이 됩니다. 많은 사람들이 정해진 규칙에 잘 따르는 순종적인 사람이 되고, 종종 자신을 나아지게 할 만한 요소가 이미 자기 안에 있음을 믿지 못하고 외부의 확실한 보장을 찾는 데 몰두합니다.

다른 대응책을 취할 수도 있습니다. 어떤 면에서는 이것이 강점이자 세상에 선물이 될 수 있습니다. 하지만 여기서 알아야 할 또 하나의 중요한 점은, 어린 시절 우리 안에서 어떤 대응 메커니즘이 생겨났든지 그것은 우리가 갈망하는 평화로움이나 안정감, 기쁨을 주지 못한다는 것입니다. 완벽주의 역시 마찬가지입니다. 어릴 때는 정서적 생존 수단으로 그러한 대응책이 필요했지만 나이가 들면서 그것은 누구에게나 예외 없이 방해가 됩니다.

멋진 소식은 우리가 진정으로 더 자유로워질 수 있다는 사실입니다. 우리는 기쁨과 평화로 가득 찬 삶의 방식을 찾을 수 있습니다. 물론 그와 동시에 오래된 대응 방식에 의존하는 경향에서 완전히 벗어날 수 있는 것은 아닙니다. 특히 변화의 시점이나 긴장과 두려움의 시기에는 그러한 모습이 우리 안에서 다시 나타납니다.

완벽하지 않으면(또는 완벽에 가깝지 않으면) 사랑이 사라질 것이라고 느끼는 제 경향을 감안하면 어느 주일날 제가 제의방 문틈으로 신자석을 엿보던 이유를 이해할 수 있을 겁니다. 저는 막 주임 신부가 되어 처음으로 본당에 부임해 몹시 두려웠습니다. 많은 것이 새롭고 부담스러웠습니다. 이전 본당과 작별한 슬픔이 채 가시기도 전에 새로운 곳에서 새 사람들과 함께 새 직무와 더 큰 책임을 맡고 살게 되어서 모든 것이 너무 벅찼습니다.

첫 주말의 매 미사마다 저는 제 소개를 했고 가능한 한 최고의 강론을 하려고 열심히 노력했습니다. 지금 생각하면 슬프지만, 그다음 주말에 저는 성당 제의방 벽과 문 사이의 작은 틈새로 신자석을 엿보고 있는 제 자신을 발견했습니다. 제 안에 겁을 잔뜩 먹은 아이가 신자들이 (지난주에 이어) 다시 미사에 왔는지 궁금해하고 있었습니다. 이성적으로는 잘 알고 있었지만, 제 일부는 여전히 모든 것이 저한테 달려 있고 제가 제대로 잘하지 못하면 사랑이 사라질 것 같았습니다.

신자들이 다시 미사에 왔다는 소식을 전하게 되어 기쁩니다. 저는 그 활기찬 본당에서 거의 16년 동안 사목하는 축복을 받아 누렸습니다. 네, 저는 여전히 때때로 너무 열심히 노력하고 너무 많이 걱정합니다. 하지만 25년이 지난 지금 저는 더 자유롭고 더 생기 있게 살고 있습니다. 나날의 삶 속에서 깨닫는 보다 깊은 평화를 음미합니다. 그리고 여러분도 그 평화를 경험하고 제가 알게 된 것을 알게 되기를 간절히 바랍니다. 어릴 적 상처가 우리를 지배하는 힘은 점점 줄어들 수 있습니다. 우리는 더 활기차고 자유로워질 수 있습니다! 이러한 내면의 자유와 보다 깊은 평화를 경험하려면 노력이 필요합니다. 그 노력의 결과는 헤아릴 수 없을 만큼 큰 선물입니다.

# 가장 중요한 단어는 무엇일까요?

당신은 불완전하고,
평생 어쩔 수 없는 결점을 지녔습니다.
그리고 당신은 아름다움도 갖췄습니다.

– 에이미 블룸 Amy Bloom

　사랑하는 사람을 잃은 사람들과 함께 일할 때 저는 그들에게 제가 아는 가장 중요한 진실 하나를 이야기합니다. 삶의 좋음과 나쁨, 행복과 슬픔은 서로를 상쇄하지 않습니다.

　저는 감사하게도 이 세상 너머 제가 볼 수 있는 삶 너머에 또 다른 삶이 있다는 것을 믿습니다. 그렇다고 해서 그 믿음이 사랑하는 사람들이 병에 걸려 죽음을 맞을 때 겪는 슬픔을 없애 주지는 않습니다. 하지만 상심하고 고통스러운 중에도 친절의 손길들은 놀라운 방식으로 나타납니다. 친절함도 사랑하는 사람의 유품을 정리하거나 그들 없이 맞이하는 첫 명절, 기념일, 생일의 고통스러운 감정을 없애 주지는 않지만, 어떤 고통도 사랑은 영원하다는 위대한 약속을 약화시키지는 못합니다.

사랑하는 사람이 죽으면 울어도 괜찮습니다. 사랑하지 않았다면 아프지도 않을 것입니다. 웃는 것도 괜찮습니다. 우리가 때때로 기쁨을 누린다고 해서 사랑하는 사람과의 기억을 훼손하는 것은 아닙니다.

최근에 저는 두 가지 공격적인 암과의 짧은 투병 끝에 세상을 떠난 폴이라는 청년의 장례 미사를 집전했습니다. 폴은 훌륭한 사람이었고 저는 그와 함께 일하는 것을 정말 좋아했습니다. 그의 아내 메리 그레이스는 유머 감각이 남달랐고 저는 몇 번이나 눈물을 흘리며 웃었습니다. 그 몇 번 중 한 번이 장례 미사 시작에 그녀가 아름답고 감동적인 추도사를 낭독하던 중에도 있었습니다.

메리는 참석해 준 많은 사람들에게 감사의 마음을 전한 뒤 이렇게 덧붙였습니다. "잘 아시겠지만, 폴은 경쟁심이 강했습니다. 사실 저도 그렇습니다." 그녀가 말했습니다. "오늘 여기 얼마나 많은 분들이 오셨는지 제가 보았습니다. 그러니까 제 장례 미사 때에는 오늘보다 적어도 한 분은 더 오실 것을 제가 기대한다는 것을 여러분이 다셨으면 합니다."

저는 다시 울고 있었고 그리고 웃고 있었습니다. 여기서 '그리고'가 결정적인 단어입니다. '그리고'라는 말은 어느 언어에서나 매우 중요한 단어입니다. 많은 사람들이 '둘 중 하나' 식으로 생각하기를 편하게 여깁니다. 물론 이것 아니면 저것인 것도 있습니다. 그런데 영적 삶이 성장할수록 현실은 '둘 중 하나'가 아니라 '둘 다'라는 것을 더 많이 깨닫게 됩니다.

마태오 복음서의 '가라지의 비유'(13,24-30 참조)에서 예수님은 이렇게 말씀하십니다. "수확 때까지 둘 다 함께 자라도록 내버려 두어라." 우리는 삶에서 즐겁고 좋은 일, 즉 밀만 있기를 원합니다. 그래서 세상이나 어떤 상황 또는 우리 자신에게서 가라지를 뽑아낼 수 있다고, 뽑아내 버려야 한다고 생각합니다. 하지만 우리는 그럴 수 없습니다. 그렇게 하려고 하다 보면 온갖 폭력으로 이어집니다. 네, 우리는 더 사랑스럽고 그리스도를 닮은 인간이 되기 위해 노력하고 더 정의롭고 사랑이 넘치는 세상을 만들기 위해 노력합니다. 하지만 가라지와 밀은 항상 둘 다 있을 것입니다. 모든 삶이, 그리고 우리 자신이 항상 둘 다 섞여 있습니다. 그래서 예수님은 우리에게 가라지와 밀이 둘 다 함께 자라게 두라고 말씀하십니다.

우리 안에 밀과 가라지가 둘 다 섞여 있다는 사실이 순순히 받아들여지나요? 가라지가 우리 안에서 그리고 모든 사람 사이에서 밀과 함께 자란다는 것을 받아들일 수 있나요?

어쩌면 저처럼 인생에 알곡과 가라지가 항상 함께 있을 것이라는 생각에 처음에는 낙담하는 분들도 있을 것입니다. 하지만 예수님은 이러한 인식이 우리가 온전히 살아 있고 자유로워지는 데 도움이 된다는 것을 아십니다. 그것이 진리이기 때문입니다. 그것도 심오하고 중요한 진실, 즉 삶은 '둘 중 하나'가 아니라

'둘 다'라는 것입니다.

밀과 가라지, 완전함과 불완전함에 대해 이야기하다 보면 어떤 사람들은 예수님의 다음 말씀에 의문을 제기할 수도 있습니다. "하늘의 너희 아버지께서 완전하신 것처럼 너희도 완전한 사람이 되어야 한다."(마태 5,48) 예수님은 '완전한'이라는 단어를 사용해 우리에게 온전하고 완전하며 진실성과 포용성을 가지고 살라고 말씀하십니다. 일부 성경학자들은 예수님의 가르침에서 이 구절의 위치가 예수님께서 전적으로 연민과 자비에 초점을 맞추고 있다고 말합니다. 실제로 루카 복음에서는 이 구절을 "너희 아버지께서 자비하신 것처럼 너희도 자비로운 사람이 되어라."(6,36)라고 전합니다. 예수님은 우리가 완전하려고 애쓰는 것이 아니라 자신을 사랑하고 너그럽게 대하며 사랑과 자비의 능력을 키우기를 원하십니다.

영적인 면에서 우리는 종종 일을 제대로 했을 때보다 잘못했을 때 훨씬 더 많이 성장합니다. 우리는 오직 자신의 불완전함을 솔직하고 순순히 받아들일 때

완전해질 수 있습니다.

일반적으로 중독 치유를 위한 12단계 프로그램에 참여하는 사람들은 대부분의 우리보다 이러한 점을 훨씬 더 잘 이해합니다. AA(Alcoholics Anonymous, 익명의 알코올 중독자들) 모임에서는 "나는 알코올 중독자였습니다."라고 과거형으로 말하지 않습니다. 그곳에서는 모두 "나는 알코올 중독자입니다."라고 현재형으로 말합니다. 위대한 지혜입니다.

제 친구 한 명은 이렇게 말했습니다. "12년 동안 금주를 지키고 있지. 하지만 나는 여전히 내가 알코올 중독자라고 소리 내어 밝힘으로써, 내가 주변의 지원을 필요로 하고 내가 금주를 계속해 나가야 한다는 사실을 나 자신에게 상기키지. 내 안에 그게 없는 것처럼 행동한다면 나는 다시 예전 생활로 돌아가도 괜찮을 거라고 나 자신을 속이려고 들 테니까." 우리는 모두 자기 상처와 약점을 안고 살아간다는 점을 알아야 합니다. 다시 말하지만, 알고 의식하는 것이 가장 중요합니다.

우리는 모두 밀과 가라지 둘 다 섞인 존재입니다.

♦ 우리는 죄인인 동시에 하느님께 사랑받는(상상할 수 없을 만큼 열렬히) 존재입니다.
♦ 우리는 두렵고 불안한 세상 속에서 사는 동시에 하느님 안에서 지극히 안전합니다.
♦ 우리는 세상이라는 광활한 들판의 밀알인 동시에 한 명 한 명 놀랍도록 소중하고 믿을 수 없을 만큼 사랑받는 존재입니다.

그렇습니다. 모든 것(그리고 모든 사람)의 좋은 면과 나쁜 면, 행복과 슬픔은 서로 상쇄되지 않습니다. 세상도 저도 여러분도 마찬가지입니다. 삶은 '둘 다'입니다. 제가 아는 가장 확실한 진실입니다.

# 당신은 걱정꾼인가요?

내 인생에는 끔찍한 일들이 많았지만
대부분은 일어나지 않았다.
- 작자 미상

　손턴 와일더Thornton Wilder의 희곡 '우리 읍내'에서 에밀리 깁스라는 젊은 여성이 죽습니다. 그녀는 단 하루만 다시 세상에 돌아가기를 간청합니다. 에밀리는 이전과 똑같이 살아야 하고 그녀 자신 외에는 아무도 그녀가 돌아온 사실을 모를 것이라는 말을 듣습니다. 그녀는 간청하고 싸워서 마침내 허락을 받아냅니다.

　에밀리가 돌아가기로 선택한 것은 열두 번째 생일날입니다. 그녀는 세상을 다시 볼 수 있는 단 하루의 기회를 소중히 여기며 세상을 관찰합니다. 하지만 아무도 이 소중한 하루를 자신과 함께 음미하지 못한다는 사실에 마음이 아픕니다. 그녀가 받은 충격 중 하나는 사람들의 걱정 어린 표정이었습니다. 그녀는 "살아 있는 사람들이 그렇게나 걱정하며 사는지 전혀 몰랐습니다."라고 말합니다. "아침부터 밤까지 그들은 그저 걱정만 합니다."

우리도 그렇습니다. 근심하고 두려워합니다. 우리는 걱정합니다. 좋은 성적을 받을 수 있을지, 아이가 잘 성장할 수 있을지 염려하며 고심합니다. 자동차에서 들어 본 적 없는 소음이 나거나 몸에서 이전까지 없던 혹이 잡히면 겁이 납니다. 대화가 잘 안 되고 다음에 무슨 말이나 행동을 해야 할지 모르면 속이 탑니다. 우리는 너무 많은 것에 걱정하고 괴로워하고 두려워합니다. 완벽주의자는 대부분의 사람들보다 더 많은 불안과 두려움을 지니는 경향이 있습니다. 물론 우리만 그런 것은 아닙니다.

그런데 우리는 하느님으로부터 그 반대의 메시지를 일관되게 받습니다. "두려워하지 마라." 그분은 우리에게 두려움 대신 평화를 제안하십니다.

예수님은 우리에게 당신 길을 따르라고 초대하실 때 삶이 쉬울 것이라거나 믿음이 우리의 짐을 덜어 준다거나 우리를 고통과 상실에서 해방시켜 주겠다고 약속하지 않으십니다. 오히려 예수님은 우리가 그 여정이 힘들 것이라는 점을 알도록 특별히 노력하시는 듯합니다.

예수님은 우리에게 두려워하지 말라고 초대하시면서도 당신의 수난과 죽음의 십자가가 다가오고 있음을 감지하십니다. 예수님은 "어둠의 골짜기"(시편 23,4)를 간다 해도 하느님께서 함께하실 것을 믿으셨기에 우리도 하느님께서 우리와 함께하실 것이므로 걱정하지 말라고 말씀하십니다. 그리고 예수님은 걱정이 우리에게서 생명을 빼앗아 간다는 것을 아시기에 우리에게 걱정하지 말라고 말씀하십니다.

걱정은 우리 몸, 관계, 마음과 정신의 평화를 갉아먹는 힘이 있습니다. 걱정은 어떤 식으로도 도움이 되지 않습니다. 자신이 걱정이 많은 사람이라면 스스로에게 물어봅시다. 걱정했다고 해서 나쁜 일이 일어나지 않았다고 생각합니까? 걱정은 미래의 결과를 바꾸지 못합니다. 상실이나 상심을 막지도 못합니다. 오히려 걱정은 현재 우리가 누리고 있는 축복에서 멀어지게 합니다. 걱정은 현재에서만 발견할 수 있는 삶과 기쁨을 앗아 갑니다.

다른 방법이 있습니다. 두렵거나 긴장하는 자신을 의식할 때 우리가 느끼는 감정에 이름을 붙이고 걱정과 두려움을 부드럽게 인정하면 좋습니다. 가능하다면 그 순간 스스로에게 우리가 안전함을 상기시키고 하느님께서 바로 지금 우리와 함께하신다는 것을 믿기로 선택합니다.

그다음 단계는 무엇일까요? 예수님은 이렇게 제안하십니다. 예수님은 당신 제자들에게 평화를 전하시며 두려워하지 말라고 말씀하신 다음, 당신의 길을 따르고 사랑을 선택하라고 초대하십니다. 우리도 마찬가지입니다. 다시 사랑을 선택하는 것입니다. 바로 그 순간 우리는 살아 있음을 깨닫고 다시 친절과 선함을 선택합니다. 우리는 불안의 존재를 받아들이되 거기에 붙

들려 살지 않습니다.

네, 우리는 시시때때로 미래를 계획합니다. 우리는 미리 생각하며 머리를 써야 직성이 풀립니다. 그래도 미래에 살 수는 없습니다. 지나간 과거를 없던 일로 여길 수 없고 과거를 통해 배움을 얻습니다. 우리는 과거에도 살지 않습니다. 우리가 가진 걱정, 긴장, 후회, 두려움이 무엇이든지 지금 사랑해야 합니다. 우리가 실제로 할 수 있고, 해야 할 일은 그것뿐입니다. 그것이 거룩하고 행복한, 기쁨 가득한 삶으로 향하는 길입니다.

에밀리 깁스는 열두 번째 생일에 이승으로 돌아갈 생각에 설렜지만 그 경험 자체는 고통스러웠습니다. 그녀는 많은 사람들이 하루 종일 걱정하고 고민하는 모습을 보고 슬펐습니다. 엄마 아빠와 함께 보낸 짧은 시간 동안 그녀는 그들이 자신과 함께한 이 하루를 음미하기를 간절히 바랐습니다. "모두들 전부 사랑해요." 에밀리는 마음속으로 외칩니다. "차마 못 보겠어요. 엄마, 제발 한순간이라도 저를 정말로 보고 있는 것처럼 봐 주세요."

하지만 아무도 그녀처럼 삶의 짧음을 깨달을 수 없었기에 그녀는 마음이 아팠습니다. 돌아갈 시간이 되자 그녀는 한 번만 더 봐 달라고 청하며 슬프게 말합니다. "안녕, 엄마 아빠. 안녕 똑딱똑딱 시계도, 엄마의 해바라기도, 음식과 커피와… 자고 일어나는 것도!" 그리고 그녀는 의미심장한 말로 마무리합니다. "오 세상아, 너는 너무나 멋진데 아무도 모르는구나."

예수님은 다른 길을 제시하십니다. 예수님은 우리가 이 땅에서 살면서 진정한 삶을 살지 못하게 하는 걱정 대신에 평화를 주십니다. 예수님은 우리에게 걱정하지 말라고 초대하십니다. 예수님은 지금 사랑하라고 초대하십니다.

# 가치 있는 모든 일은…

무엇을 하든지 항상 백 퍼센트로 임하세요.
헌혈할 때만 빼고.

– 빌 머레이Bill Murray

　이 장의 제목을 읽고 어떤 사람은 자기도 모르게 속으로 문장을 완성할 것입니다. "가치 있는 모든 일은 잘할 가치가 있다."라는 옛말이 있습니다. 이 말을 믿는 사람이 있다면 저는 "아니요, 그렇지 않습니다."라고 말할 겁니다. 진심입니다.

　처음 이 말이 다르게 들린 것은 제가 30대 초반이었을 때로 기억합니다. 스트레스가 많던 시기에 제가 믿고 의지하던 분이 "할 가치가 있는 일이라고 해서 모든 일을 꼭 잘해야 하는 건 아니야."라고 말씀해 주었습니다. 그 말을 받아들이는 데 꽤 시간이 걸렸지만 그분이 옳았습니다.

연구에 따르면 거의 모든 사람이 삶에서 완벽주의적 경향이 작용하는 부분이 있다고 합니다. 그리고 또 완벽주의자라고 해서 삶의 모든 면에서 완벽주의인 것은 아닙니다. 하지만 우리는 많은 사람들이 너무 많은 영역에서 너무 열심히 노력합니다.

어쩌면 이런 면에서 다들 저와 비슷할 것입니다. 어린 시절부터 저는 마음 한구석으로 제가 호감이나 사랑을 받을 만큼 충분히 괜찮은 사람이라는 것을 세상에 증명하려고 노력했습니다. 그러다 보니 별로 중요하지 않은 것들이 실제보다 더 중요해졌고, 그것은 제 가치와 선함을 평가하는 무의식적 기준이 되었습니다. 항상 열심히 노력하는 것은 종종 당연하면서도 슬픈 긴장의 연속을 초래했습니다.

아니요. 가치 있는 일이라고 해서 다 잘해야 하는 것은 아닙니다. 앞에서도 말했듯이 치유와 평화로 가는 길은 점점 더 내면의 세계에서 살아가는 법을 배우는 것입니다. 그러고 나면 우리는 각자 자신과 평화롭게 지내는 방법을 발견할 수 있습니다. 우리의 선함은 특정 순간에 우리가 어떻게 행동하는지, 다른 사람들이 그 행동을 어떻게 생각하는지에 따라 정의되지 않습니다. 또한 집 마당이 어떻게 생겼고 아이들 옷차림이 어떤지, 감옥에 있는지 아닌지에 따라서 정의되는 것도 아닙니다. 우리의 선함은 학점이나 관계의 지속 여부에 의해 정의되지 않습니다. 우리의 선함은 우리의 가치를 증명하기 위해 부과하는 무수한 기대 중 어느 것에 의해서도 정의되지 않습니다. 그 대신 우리의 가치는 사랑이신 하느님의 사랑받는 자녀로서 우리가 누구인지에서 나옵니다.

우리는 있는 그대로 사랑받습니다. 우리가 자신을 좋아하든 싫어하든, 우리에게 무슨 일이 일어나든 그렇지 않든, 다른 사람들이 우리를 어떻게 생각하든(또는 전혀 생각하지 않든) 상관없이 우리의 선함은 본질적입니다. 우리는 각자 독특한 방식으로 이 세상을 사랑하고, 우리가 알아낸 것보다 조금 더 나은 곳으로 만들기 위해 맡은 역할을 다합니다. 그것으로 충분합니다.

그것이 중요한 전부입니다.

제 멋진 친구가 중독 치료를 위한 12단계 프로그램에서 형제자매들이 자주 사용하는 격언을 알려 주었습니다. 이 말은 저한테 큰 영향을 주었습니다. "다른 사람들이 저를 어떻게 생각하든 저는 신경 쓰지 않아요." 이제 이 심오한 지혜가 담긴 말을 기억하고 마음에 새길 가치가 있겠지요. 그래요. 그럴 만한 가치가 있는 일도 모두 잘할 필요는 없다니까요. 그런데 다른 사람들이 저를 어떻게 생각할까요? 그것이야말로 정말 제가 신경 쓸 일이 아닙니다.

# 1968년 그리고 아폴로 8호의 교훈

지식으로는 결코 알 수 없는 진리가 있습니다.

- 키에라 뱅크스Kierra C.T. Banks

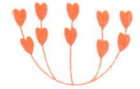

아마도 이 책을 읽는 많은 사람들이 1968년 사건들을 기억할 만한 나이는 아닐 것입니다. 1968년은 여러모로 다사다난했던 해입니다. 축복과 좋은 일들도 많았지만 고난의 시기이기도 했습니다. 동남아시아에서는 길고 힘겨운 분쟁이 걷잡을 수 없이 격화되었습니다. 그해에 구정 대공세Tet Offensive가 있었고 많은 미국인들이 베트남 전쟁은 희망 없다고 확신하게 되었습니다.

1968년 4월 조용한 저녁에 멤피스의 로레인 모텔 발코니에 서 있던 민권 운동 지도자가 총에 맞아 쓰

러졌습니다. 마틴 루터 킹 주니어Martin Luther King Jr. 박사의 암살 사건은 미국 전역에서 소요와 폭동으로 이어졌습니다. 볼티모어, 캔자스시티, 워싱턴 DC 등 사실상 미국의 모든 주요 도시에서 폭동이 일어났습니다. 게다가 그 사건 두 달 뒤 미국 대통령 선거에 출마했던 로버트 F. 케네디Robert Francis Kennedy도 암살당했습니다.

그해는, 요즘도 별반 다르지 않지만 격변과 혼란, 혼돈으로 가득했습니다. 그리고 크리스마스가 찾아왔습니다.

1968년 12월 24일은 인류 역사상 매우 중요한 날입니다. 생명체가 탄생한 이래 처음으로 인류는 지구 중력의 끌어당김과 속박에서 벗어나 또 다른 천체인 달 주위를 돌았습니다. 1968년을 구원한 아폴로 8호의 이 임무는 우리가 진정으로 어떤 존재인지 볼 수 있도록 도와주었습니다.

달을 네 번째 지나면서 프랭크 보먼Frank Borman과 제임스 러벌 주니어James Lovell Jr.와 윌리엄 앤더스William Anders는 인류 최초로 지구가 돋는 것을 목격했습니다.

우주의 짙은 어둠 속에서 푸른색 아름다운 크리스마스 장식처럼 지구가 떠올랐습니다. 남자, 여자, 아이들, 산과 바다, 구름과 대지, 동식물, 학문과 예술과 문학, 증오, 사랑, 혼란, 기쁨 등 연약하고 외로운 모든 것이 광활한 우주에서 함께 떠올랐습니다.

우주 비행사들이 이 놀라운 이미지를 지구로 전송하면서 앤더스는 이렇게 말했습니다. "우리는 지금 달의 일출에 다가가고 있으며 지구에 있는 모든 사람들에게 아폴로 8호의 승무원들이 여러분에게 전하고 싶은 메시지가 있습니다."

그런 다음 우주 비행사들은 차례로 창세기의 천지창조(1,1-10 참조) 이야기를 읽었습니다.

한처음에 하느님께서 하늘과 땅을 창조하셨다.
하느님의 영이 그 물 위를 감돌고 있었다.
하느님께서 말씀하시기를 "빛이 생겨라." 하시자
빛이 생겼다.
하느님께서 말씀하셨다. "물 한가운데에 궁창이 생겨

물과 물 사이를 갈라놓아라." …그대로 되었다. 하느님께서는 뭍을 땅이라, 물이 모인 곳을 바다라 부르셨다. 하느님께서 보시니 좋았다.

그리고 그들은 이렇게 마무리했습니다. "지금까지 아폴로 8호 승무원들이었습니다. 좋은 밤 되세요. 행운을 빕니다. 메리 크리스마스! 하느님께서 여러분을, 땅 위의 여러분 모두를 축복하시길 기원합니다."

1968년 우리는 처음으로 독특한 관점으로 우리 자신을 바라보게 되었습니다. 우리는 하느님이 보신 것을 보았고 그것이 좋았다는 것을 기억했습니다. 하느님께서는 이 아름답고 연약한 행성에 집을 짓고 작은 아기로 육신을 입으셨으니까요.

오랜 세월이 흐른 지금도 지구에는 여전히 소란과 혼란, 격동이 있습니다. 여전히 전쟁과 빈곤이 존재합니다. 여러모로 우리는 하느님께서 우리를 보시는 것처럼 우리 자신을 처음으로 보았던 아폴로 8호의 관점을 잊어버린 것 같습니다. 놀랍도록 다양한 하나의 가족으로서 깊이 연결된 꽤 괜찮은 우리 말입니다.

하느님은 이 소중한 행성에서 육신을 입으시고 이렇게 말씀하시는 듯합니다. "이제 너희가 얼마나 좋은지 보았지? 나는 너희와 같은 사람이 되었다. 나는 예수 안에서 너처럼 되는 것이 무엇인지 안다. 나는 춤추는 것, 두려워하는 것이 무엇인지 안다. 나는 누군가의 얼굴을 만지는 것, 사랑하는 사람을 땅에 묻는 것, 눈물이 뺨을 타고 흘러내리는 것, 웃음을 멈추지 못하는 것이 무엇인지 안다. 나는 너희처럼 되는 것이 무엇인지 안다. 내가 너희와 같은 사람이 되었기에 너희가 있는 그대로 좋다는 것을 안다."

이 세상의 모든 아이들은 자신이 훌륭하다는 것을 알아야 합니다. "네 삶은 중요하단다. 너는 사랑받는 소중한 존재야. 그리고 너는 아름다워." 아이들은 말을 통해서나 무언중에 이러한 사실을 이해해야 합니다. 우리가 어떻게 말하고, 그들이 우리 눈에서 무엇을 보든지, 우리의 보살핌이나 기도 속에서 어떤 느낌을 받든지 모든 아이들은 이 사실을 알아야 합니다. "너는 훌륭해."

그리고 지금 이 책을 읽고 있는 여러분도 이 말을 한 번도 들어 보지 못했다면 지금 귀를 기울이십시오. 하느님은 여러분이 이 엄청난 진리를 알기를 원하십니다. "너는 훌륭하다. 정말 그렇단다. 사실 너는 네가 얼마나 훌륭한지 정말 모른다."

# 자기 자신 용서하기

자신을 용서할 줄 알게 되는 순간
진정한 해방감을 느낄 것입니다.
부담을 내려놓고 새로운 약속과 가능성의 길로
걸어 나가세요.

– 존 오도노휴John O'Donohue

　말을 했거나 말하지 않아서 괴로운 일이 있습니까? 어떤 일을 했거나 하지 않았는데 계속 생각나면서 긴장되고 께름직한 일이 있습니까?

　완벽주의에 시달리는 우리 대부분은 다른 사람들보다 이러한 일로 더 오래 괴로워하는 경향이 있습니다. 때때르 우리가 한 일이 다른 누군가에게, 또는 자기 자신에게 상처를 줍니다. 흔히 그것은 대부분의 사람들이 이해할 수 있는 단순한 인간적 실수일 뿐입니다. 하지만 이런 일들은 여전히 우리를 괴롭힙니다.

저도 그렇습니다. 몇 년 전 부제 서품식에서 주교님과 수십억 명처럼 느껴진 신자들 앞에서 교황님의 이름을 잊어버렸던 기억이 아직도 생생합니다.

저는 이렇게 묻고 싶습니다. 여러분이라면 저에게 뭐라고 말씀하시겠습니까? 그곳에는 약 스무 명의 사제들과 주교님, 열 명의 부제 후보자들, 그리고 성당 안을 가득 채운 가족과 친구들이 있었습니다. 미사 중에 교황님을 위해 기도해야 할 순간이 되었을 때 저는 갑자기 교황님의 이름이 생각나지 않았습니다. 명백한 실수였습니다. 여러분이라면 어떤 반응을 보였을까요? 제가 그 상황에 무슨 생각을 하고 느껴야 했을까요?

또 두고두고 생각나는 일이 하나 더 있습니다. 몇 년 전 성체 분배를 돕다가 본당 신자 한 분을 보았는데 저는 그녀가 힘든 상황인 것을 알고 있었습니다. 그녀는 남편과 이혼하고 어린 자녀들과 떨어져 살고 있는 상태였습니다. 주 초에 누군가 제게 그녀가 차에서 생활한다고 말해 주었습니다. 한동안 그녀를 보지 못했는데 마침 그녀가 성체를 모시기 위해 제 쪽으로 줄을 섰습니다. 평소 제가 하는 행동이 아닌데, 어쩐지 하느님께서 그녀의 손을 꼭 잡아 주거나 그런 비슷한 방식으로 그녀가 우리와 함께해서 얼마나 기쁜지 알려 주라고 하시는 것 같았습니다. 하지만 그녀가 제 앞에 와서 섰을 때 저는 주저하다가 기회를 놓쳐 버렸습니다.

여러분이라면 저에게 뭐라고 하시겠습니까? 지금까지도 하느님께서 그 순간 그녀가 여전히 소중하고 우리가 함께한다는 것을 느끼도록 제게 신호를 보내셨다고 생각합니다. 본당 신부인 제 말은 더 큰 의미가 있었을 텐데 저는 아무 행동도 하지 못했습니다. 솔직히 부끄러웠습니다. 여러분도 이런 상황이 안타깝게 느껴지시나요?

어쨌든 저는 그런 일을 겪을 때마다 스스로를 너그럽게 대해야 한다는 것을 알고 있습니다. 저는 제가 놓친 기회들을 통해 배우고자 합니다. 하느님은 제가 실수나 실패를 후회하며 살기를 바라지 않으실 테니까요.

제 경험에 공감하신다면 여러분도 자기 자신을 너그럽게 대할 수 있지 않을까요? 예수님은 제자들에게 피할 수 없는 실패나 거절을 경험할 때에 발의 "먼지를 털고"(마태 10,14) 나아가라고 말씀하셨습니다.

우리 인간은 유한하고 잘못할 수 있습니다. 실패합니다. 우리는 크고 작은 실수를 합니다. 계획이 무너지고 인간관계가 끝나고 사업이 실패하고 우리 몸은 고군분투합니다. 정신 건강도 마찬가지입니다. 꿈은 실현되지 않습니다. 이런 일들이 일어날 때 너무 놀라지 않는 것이 좋습니다.

하느님은 우리가 이 모든 일에 대해 스스로에게 연민을 가지고 공통된 인류애 안에서 우리 모두 실수한다는 것을 기억하기를 원하십니다. 우리가 고통을 가슴 깊이 깨닫는 것은 좋지만 그러한 감정에 얽매이거나 과도하게 동일시해서는 안 됩니다.

하느님은 우리가 실수나 약점에 사로잡혀 살기를 원하지 않으십니다. 우리는 현실을 인정하고 배울 것은 배우고, 가능한 한 보상하고 그리고 계속해서 앞으로 나아가야 합니다.

후회에 너무 얽매여 있다가는 삶의 기쁨을 놓칠 수 있습니다. 자책에 너무 많은 내적 에너지를 소모해 버리면 선한 일을 할 새로운 기회가 눈앞에 나타났을 때 놓칠 수 있습니다.

우리는 단순히 앞으로 나아가고 다시 사랑을 선택하도록 초대받습니다. 그것이 우리가 할 수 있는 일입니다. 우리가 해야 할 전부입니다. 여러분과 저는 실패와 실수를 합친 것보다 더 위대한 존재입니다!

예수회의 그레고리 보일 신부Gregory Boyle는 『Tattoos on the Heart』(마음에 새긴 문신)에서 앤서니 드 멜로의 "당신을 바라보며 웃고 계신 분을 보십시오."라는 말을 인용하며 이렇게 말합니다.

"실망이 하느님의 DNA 일부가 아니라는 사실을 깨닫기는 참으로 어렵습니다. 하느님은 우리를 사랑하시느라 너무 바쁘셔서 실망하실 틈조차 없으십니다."

여러분도 저도 과거의 실수와 실패를 잊지 못하는 사람일 수 있습니다. 하지만 하느님은 그러한 것들에

관심이 없으십니다. 오히려 하느님은 우리가 있는 그대로 사랑받고 있다는 사실을 일깨워 주시려 애쓰십니다. 그리고 우리가 자신과 이 세상을 사랑하기로 다시 선택하도록 초대하십니다.

# 감사하며 사는 것

작은 것들을 즐기십시오.
어느 날 돌아보았을 때
그것이 큰 것이었음을 깨닫게 될 테니까요.

– 로버트 브롤트Robert Brault

　사제인 저는 매년 추수 감사절에 성당에서 감동적인 광경을 목격합니다. 신자들을 살펴보면 사랑하는 사람을 잃은 지 얼마 안 된 사람, 다른 고통이나 어려움을 겪은 사람들이 항상 있습니다. 그런데도 그들은 하느님께 감사드리기 위해 교회에 옵니다. 그들은 종종 눈물로 찬양하고 기도합니다.

　무엇이 고통의 한가운데 있는 그들을 이곳으로 이끌까요? 가족 식탁에 빈자리가 생기고, 또는 다른 상실 가운데 맞는 첫 추수 감사절임을 알면서도 왜 그들은 하느님께 감사를 드리러 올까요?

가끔은 조심스럽게 그들에게 물어봅니다. 그러면 그들은 다양한 대답들을 하면서도 하나같이 감사하며 사는 것이 중요하다는 것을 배웠다고 말합니다. 정말 맞는 말입니다. 감사하며 사는 것은 의미 있고 기쁨으로 충만한 삶을 위한 매우 중요한 습관입니다.

인생에서 좋은 것과 나쁜 것은 서로 상쇄되지 않습니다. 우리는 불완전하고 세상도 불완전합니다. 때로는 삶이 지루하고 지칠 때도 있습니다. 또 때로는 감당하기 힘든 슬픔, 고통, 스트레스를 마주하기도 합니다. 우리는 슬픔의 형태가 어떠하든 그 슬픔을 충분히 애도하고 마음이 허락하는 만큼 자주 충분히 오래 우는 것이 중요합니다.

하지만 추수 감사절에 상처받은 마음으로 기도하러 오는 사람들이 일깨워 주듯이 그 모든 어려움 속에서도 감사할 일들은 분명히 존재합니다. 우리가 일상에서 겪는 상실과 포기, 좌절 속에도 여전히 축복은 깃들어 있습니다. 우리가 그 축복들을 발견할 수 있다면 그것은 정말 큰 행운입니다. 우리는 종종 우리가 얼마나 많은 축복을 받았는지 쉽게 잊어버립니다.

어떤 방식으로든 감사하며 사는 것은 정신적 영적 건강에도 매우 중요합니다. 감사하는 마음이 부족하면 영혼이 병들기 쉽습니다. 불평할 일은 찾으면 찾을수록 더 많아집니다. 불평할 일은 늘 있으니까요. 불평 많은 사람이 되기는 너무나 쉽습니다.

마찬가지로 감사할 일도 찾으면 찾을수록 더 많아집니다. 감사할 일들 역시 늘 있으니까요. 삶의 고통 속에서도 축복은 찾아낼 수 있습니다. 우리가 맞닥뜨리는 삶 속에서 축복을 많이 인식할수록 우리는 더 감사하는 사람이 되고, 그러면 때때로 필요한 회복 탄력성을 더 많이 갖게 될 것입니다.

감사하는 사람이 되는 가장 확실한(어쩌면 유일한) 방법은 매 순간 감사하며 사는 것입니다.

어느 여름에 저는 밭을 개간하기 위해 트랙터를 운전하는 일을 했습니다. 이유는 기억나지 않지만, 저는 매일 트랙터에 앉아 일을 시작하기 전에 15분 동안 감사할 일들을 떠올리자고 마음먹었습니다. 첫날 감사할 일을 모두 떠올리고 나서 시계를 봤는데, 겨우 6분이 지나 있었습니다.

하지만 감사는 하면 할수록 감사할 일들이 더 많아졌습니다. 며칠이 지나자 15분 동안 하느님께 감사하는 일이 훨씬 쉽고 자연스러워졌고 매일 다른 일들에 대해 감사드릴 수 있게 되었습니다. 저는 제가 얼마나 큰 축복을 받고 있는지를 점점 깨닫게 되었습니다. 지금도 저는 사제관에서 성당이나 학교까지 걸어갈 때마다 그날의 여러 가지 축복들을 떠올리며 잠시나마 마음을 가다듬곤 합니다. 그 셀 수도 없이 많은 축복들을요.

책을 쓰고 강연을 하는 패트리샤 리빙스턴Patricia Livingston이 저희 성당에서 선교 활동을 이끈 적이 있습니다. 그때 그녀는 정신 질환을 앓고 있는 여동생의 이야기를 우리에게 나누어 주었습니다. 그녀의 여동생은 때때로 세상이 너무 어둡게 느껴져 입원 치료를 받아야 할 정도였습니다. 전화 통화나 면회도 쉽지 않았습니다. 어느 날 패트리샤는 여동생에게 "오늘 좋았던 일 하나간 말해 줄래?"라고 묻는 습관을 만들었습니다. 그러자 여동생은 아무리 힘든 날에도 감사할 만한 좋은 일 하나씩을 찾아내곤 했습니다. 이 습관은 두 사람의 대화 분위기를 바꿔 놓았고 여동생에게도 긍정적인 영향을 미쳤습니다. 다시 말하지만 우리가 감사할 일을 찾으면 찾을수록 더 많은 감사할 일을 발견할 것입니다.

많은 사람들이 '감사 일기'를 쓰면서 큰 도움을 받았습니다. 여러분에게도 추천합니다. 매일 단어나 구절, 문장 등으로 감사할 것 세 가지를 적어 봅니다. 다음 날에는 전날과 다른 세 가지를 적고, 그다음 날에는 또 다른 세 가지를 적어 봅니다. 많은 사람들이 한 달 동안 그 작업을 이어서 하고, 평생을 계속하기도 합니다.

이 책 뒷부분에 있는 부록 '감사하며 사는 것'에서 도움이 될 만한 묵상을 소개했습니다. 누군가 사랑하는 사람(살아 있거나 돌아가셨거나)을 떠올리며 각자의 방식으로 그들에게 감사의 마음을 전해 보시기 바랍니다.

아직 규칙적으로 감사하는 습관을 들이지 못했다면 마지막으로 한 가지, 이 감사하는 마음 자체가 여러분이 감사할 일이 되어 줄 것입니다. 감사하며 사는 것은 우리를 변화시킵니다.

# 마지막 당부 한마디

친애하는 인간에게

당신은 완전히 틀렸습니다.
당신은 조건 없는 사랑을 마스터하러 여기 오지 않았습니다.
이곳은 당신이 태어난 곳이자 돌아갈 곳입니다.

당신은 인격적인 사랑을 배우러 여기 왔습니다.
보편적인 사랑,
복잡하고 혼란스러운 사랑,
열정적인 사랑,
광기 어린 사랑,
깨져 버린 사랑,
완전한 사랑,
신성이 깃든 사랑,
넘어짐의 은총을 통해 살아가는 사랑을 배우러 온 것입니다.

– 코트니 A. 월시|Courtney A. Walsh

    미사의 영성체 때 첫영성체를 하지 않은 어린이가 앞으로 나오면 저는 간단히 그들을 축복해 줍니다. 한번은 여섯 살배기 브래디가 엄마 손을 잡고 제 앞으로 왔습니다. 저는 평소대로 "예수님처럼 자라길 바랍니다."라고 축복해 주었습니다. 그러자 브래디는 한 걸음 물러서더니 활짝 웃는 얼굴로 엄지손가락을 치켜세우며 "고맙습니다. 신부님도요!"라고 답했습니다. 지금도 그때를 생각하면 웃음이 납니다. 그것이 바로 저의 지향입니다.

    현재 저는 성장하는 본당의 주임 신부로 사목하고

있습니다. 짬짬이 시간을 내어 아이들이나 어른들을 위한 책도 집필합니다. 완벽주의 성향 탓에 지금도 제가 쓴 글을 계속 검토하고 수정할 시간이 더 있었으면 좋겠다는 생각이 강하게 듭니다(참고로 완벽주의자가 완벽주의에 관한 책을 쓰는 것은 어지간한 강심장이 아니면 못할 일인 것 같습니다).

이번 작업과 연구는 저를 한층 더 생동감 있고 자유롭게 만들어 주었습니다. 그래서 저는 소심하게나마 이 책이 있는 그대로 충분하다고 말씀드립니다. 여러분의 인생에서 다양한 노력을 기울이는 데 도움이 되기를 바라며 이 글을 씁니다. 또한 저 스스로도 이렇게 글로 적고 조금이라도 마음을 내려놓을 수 있기 위해서입니다.

이 책은 충분히 좋습니다. 여러분도 그렇습니다. 이 말이 사실이라고 믿기 힘들다면 제가 대신 믿어 드리겠습니다. 여러분이 내면에서 스스로를 진정으로 충분히 좋다고 믿을 수 있을 때까지 제가 대신 믿어 드리겠습니다. 여러분이 받아들이는 것이 쉽지 않을 수도 있지만, 저는 사실이라는 것을 압니다.

이제 우리 가운데 많은 이들이 때때로 평화를 느끼기 어려울 때, 우리 안에 이미 필요한 모든 것이 있으며 있는 그대로 사랑받고 있다는 것을 믿을 수 없을 때, 그럴 때 말하면 좋을 간단한 네 줄짜리 묵상을 소개합니다.

다음과 같이 하면 좋겠습니다. 우선 첫 번째 문장을 입으로 소리 내어 읽고 잠시 멈추고 그 의미를 충분히 되새깁니다. 그리고 첫 번째와 두 번째 문장을 함께 소리 내 읽고 다시 잠시 멈춥니다. 그다음으로 첫 번째와 두 번째와 세 번째 문장을 모두 소리 내 읽고 또 잠시 멈춥니다. 마지막으로 네 줄을 모두 소리 내 읽습니다.

이렇게 하는 것이 내키지 않아도 물론 괜찮습니다. 여러분은 이미 있는 그대로 깊은 선함을 지닌 사람입니다. 어쨌든 제가 여러분을 초대하고 싶은 네 문장은 다음과 같습니다.

나는 너무 애쓰지 않아도 된다.

나는 사랑받고 있다,

있는 그대로,

내가 상상하는 것보다 훨씬 더.

온 마음과 온 힘을 다해 여러분에게 말씀드리 싶습니다. '너무 애쓰지 않아도 됩니다. 당신은 이미 있는 그대로, 당신이 상상하는 것보다 훨씬 더 사랑받고 있습니다.'

부록

## ♥ 어린이들의 걱정과 질문

완벽주의로 힘들어하는 것은 어른과 청소년만이 아닙니다. 모든 연령대의 어린이가 자존감에 대한 불안과 의문으로 씨름합니다. 환경과 트라우마는 완벽주의 경향으로 어려움을 겪을 가능성에 큰 영향을 미칩니다. 어떤 어린이는 수줍음이 많고 어떤 어린이는 더 외향이적지만, 많은 어린이들이 이런저런 유형의 불안으로 어려움을 겪습니다.

어린이와 그들을 사랑하는 어른들을 도울 수 있는 훌륭한 자원들이 있습니다. 다양한 방식으로 전 세계 어린이들을 사랑하기 위해 아낌없이 노력하는 모든 분들에게 감사드립니다.

매 분기마다 저는 "Living Faith Kids"(어린이의 살아있는 신앙생활)라는 작은 책자에 '조 신부님께 물어보아요'라는 글을 씁니다. 어린이(또는 부모)가 질문을 하면 제가 짧게 답을 합니다.

최근 아이샤와 브렌든의 질문은 어린이들이 어릴 때부터 완벽주의로 인해 어려움을 겪는 방식이 어른이 되어서 겪는 어려움과 비슷하다는 것을 보여 줍니다. 어린이들도 어려움을 겪고 있다는 사실을 인식하는 것은 좋은 일입니다. 아이샤와 브렌든의 질문으로 시작된 두 개의 글이 여러분에게 도움이 되기를 바라며 소개합니다. 하느님께 우리에게 맡겨진 아이들을 잘 사랑할 수 있도록 도우심을 청합니다. 하느님께서 우리 각자의 마음속에 있는 어린아이를 사랑할 수 있도록 도와주시길 기도합니다.

◆ ◆ ◆

조 신부님께

얼마나 노력해야 하는지 어떻게 알아요?

가끔 너무 긴장돼요.

아이샤 올림

아이샤에게

신부님도 가끔 긴장해요. 최선을 다하고 중요한 일을 열심히 하는 것은 좋은 일이에요. 예를 들어 신부님은 강론이 정말 중요한 일이라 생각해서 주일 미사 전에 많은 시간을 들여 준비하고 초선을 다해 열심히 노력한답니다. 그런데 가끔은 너무 열심히 하거나 걱정이 너무 많을 대도 있어요. 아이샤도 그럴 수 있을 것 같네요.

우리 모두 너무 긴장하지 않도록 도와줄 몇 가지 생각들이 있어요. 예를 들어 가끔 자신의 좋은 점을 떠올려 보는 거예요. 완벽한 사람은 없어요. 누구나 실수할 수 있고 때때로 어려움을 겪을 수 있다는 사실을 잊지 말아요. 힘들어도 괜찮아요! 또 자신이 가장 행복했던 순간을 떠올리며 그때의 기분을 기억해 보는 것도 좋아요.

아무튼 아이샤, 이런 일들은 자연스러운 일이에요. 꼭 자신을 증명해야 하는 건 아니에요. 실수해도 괜찮아요. (모두가 실수해요.) 그리고 아이샤가 무엇인가 이루어 내야 할 것도 없어요. 아이샤는 있는 그대로 사랑받는 존재랍니다. 아이샤 그 자체로 말입니다! 아이샤는 하느님의 사랑을 멈추게 할 수 없어요. 그럴 힘이 없어요.

다음 문장을 기억해 두었다가, 가끔 한 줄 한 줄 소리 내어 읽고 잠시 멈추어 생각하면 좋겠어요. 아이샤만의 방법을 찾아 잘 활용하길 바랍니다.

나는 너무 애쓰지 않아도 된다.
나는 사랑받고 있다,
있는 그대로,
내가 상상하는 것보다 훨씬 더.

예수님 안에서 조 신부

♦ ♦ ♦

조 신부님께

천국에 가는 건 어려운 일인가요?

(엄마가 할머니가 거기 계신다고 했는데 제가 갈 수 있을지 모르겠어요.)

브렌든 올림

브렌든에게

할 수만 있다면 신부님도 브렌든이 천국에 갈 수 있을지 걱정하지 않도록 도와주고 싶어요. 신부님이 아는 한 가지는, 하느님께서 브렌든과 우리를 있는 그대로 사랑하시고 언젠가 모두 천국에서 하느님과 함께하기를 원하신다는 거예요! 하느님은 우리가 천국에 들어가기 어렵게 만들어 놓지 않으셨어요.

천국으로 가는 길은 사랑과 친절이에요. 물론 때때로 그렇게 하기가 쉽지 않아요. 하지만 하느님은 우리가 완벽하기를 바라지 않으세요. 하느님은 우리가 계속 노력하고 실수하더라도 하느님께 도움을 청하며 기꺼이 다시 시작하기를 원하실 뿐이에요.

알겠지만 천국은 불완전한 사람들로 가득 차 있어요. 천국에 있는 모든 사람은 완벽과는 거리가 멀고 그저 계속 노력한 사람일 뿐이에요. 우리가 좋은 사람이 되고 싶어 하고, 세상에서 사는 동안 사랑과 친절을 베풀려고 노력한다면 천국에 못 들어갈까 봐 걱정할 필요는 없어요.

신부님은 지금도 하느님께서 브렌든 할머니의 기도를 듣고 계신다고 생각해요. 그리고 하느님이 얼마나 멋지고 사랑으로 가득한 분인지 아시는 할머니도 브렌든에게 걱정하지 말라고 말씀하실 거라고 확신해요. 그냥 브렌든답게 브렌든만의 방식으로 이 세상을 사랑하면 된단다. 그러면 언젠가 다시 할머니와 함께하게 될 거예요. 그리고 언제나 브렌든을 사랑하셨고 앞으로도 사랑하실 하느님과도 함께할 거예요.

예수님 안에서 조 신부

부록

## ♥ 부서지고 사랑받는 우리의 몸

한 어머니가 딸과 데이트하기 위해 집에 온 매우 침착한 청년의 이야기를 들려주었습니다. 약속 시간을 착각한 청년은 딸의 예상보다 한 시간이나 먼저 도착했습니다. 딸은 이제 막 나갈 준비를 시작한 참이었고, 그 청년인지도 모르고 머리가 산발인 채로 문을 열었습니다. 딸은 그만 당황해서 "내 헤어스타일 어때?"라고 말하며 어색한 순간을 모면하려고 했습니다. 그러자 청년은 잠시 생각한 뒤 대답했습니다(저는 이 말을 정말 사랑해요). "곧 멋진 무언가가 될 것 같아."

정말 멋진 대답이군요, 젊은 친구! 그 순간 그녀의 머리 모양이 어떻게 보였든 이미 멋진 무언가라고 한 것은 잘한 일입니다.

우리 몸은 있는 그대로 경외심을 가질 만한 무언가가 있습니다. 결점과 상처를 가진 우리의 몸은 불가사의하고 숱한 노고가 있으며, 수치와 모욕의 근원이자 헤아릴 수 없는 선물이고 언젠가 남겨질 모습으로 우리의 사랑과 친절에 걸맞은 놀라운 축복입니다. 몸은 우리가 누구인지를 담고 있으며 우리가 이 세상을 살아가게 해 줍니다. 그리고 하느님께서는 우리의 몸을 소중히 여기십니다.

우리가 우리 몸을 어떻게 생각하든 진실은 하느님께서 우리와 우리 몸을 있는 그대로 사랑하신다는 것입니다. 그리고 하느님께서는 우리도 우리 몸을 잘 보살피고 소중히 여기기를 원하십니다.

잠시 상상력을 발휘해, 있는 그대로 여러분의 몸을

하느님께 가져가 봅니다. 사람마다 쉽게 상상이 되는 사람도 있고 차이가 있겠지만 꼭 시도해 보기를 권합니다.

기도할 때는 언제나 편안하고 정신을 집중할 수 있는 자세를 취하는 것이 좋습니다. 지금 그 자세를 취해 보십시오. 제가 제안하는 자세에 얽매이지 마시고 상상력이 이끄는 대로 편안하게 빠져듭니다. 어느 순간 하느님께서 여러분에게 말씀을 해 주실 것입니다. 그 말씀을 통해(또는 그 말씀에도 불구하고) 하느님께서 여러분에게 갖고 계신 계획에 귀를 기울여 보십시오. 음악이나 누군가가 천천히 말씀을 읽어 주는 것이 도움이 된다면 그렇게 하십시오.

이 작업은 천천히 잠시 멈추어 머무르며 체험하도록 합니다. 여러분의 몸을 하느님께 가져갈 때 말을 사용할 수도 있고 아무런 말도 하지 않아도 됩니다.

기도에서 상상력을 사용할 때 어떤 사람들은 먼저 몇 번의 깊은 호흡을 하면 도움이 된다고 합니다. 많은 사람들이 코로 숨을 들이마시고 입으로 내뱉습니다.

여러분도 그렇게 해 보십시오. 그렇게 하면서 몸이 있다는 것, 내가 살아 있다는 것, 나라는 존재를 의식해 봅니다.

머릿속에 예수님의 모습이 떠오르든 안 떠오르든 그분의 존재를 느껴 봅니다. 예수님께서 여러분의 이름을 부르시는 이미지에 귀를 기울여 봅니다. 그런 다음 그분의 말씀을 들어 봅니다.

> 나도 한때는 너와 같은 지상의 몸을 가졌었다. 몸은 영원히 그대로 있는 것이 아니다. 그러나 나는 몸이 있음으로 인해 축복을 발견했다. 네 몸 역시 축복이다. 네가 지금 가진 그 몸을 감사히 여기기를 바란다.

잠시 멈추어 말씀을 마음에 새기며 그 순간에 머무릅니다. 몸이 있다는 것에 감사할 수 있나요? 몸이 있음에 대해 하느님께 감사드리고 싶은 것이 있나요? 지금 자신의 방식으로 하느님께 전해 드리세요. 몸에 대해 감사한 모든 것을 몸짓이나 말 또는 그저 의식하는 것만으로 하느님께 내어 드리세요. 그러고 나면 어느 순간 예수님께서 다시 말씀하십니다.

몸에서 마음에 들지 않거나 아픈 곳이 있다면 내게 말해 다오.

계속해서, 자신의 몸에서 마음에 들지 않는 부분, 고통스러운 곳, 부끄러운 곳, 스스로 위축된다고 느끼는 부분에 대해 예수님께 하고 싶은 말이 있는지 살펴봅니다. 어떤 말 또는 침묵 중에 예수님께 표현해 보세요. 예수님께 여러분의 몸이 어떠한지 알려 드리세요. 그러고 나서 준비가 되면 예수님께서 여러분에게 하시는 말씀에 귀를 기울여 보세요.

내가 너에게 "있는 그대로의 너를 사랑한다."라고 말할 때 네가 그 말을 잘 들었으면 좋겠구나. 물론 너는 몸의 선물 그 이상이며 상처나 불완전함보다 훨씬 더 소중한 존재다. 지금 몸에 대해 어떻게 생각하고 느끼든 내가 너를 있는 그대로 사랑한다는 것을 알아 주렴. 나는 항상 너와 함께하며 너를 사랑한단다.

이제 다시 여러분이 있는 곳으로 돌아와 의식합니다. 들리는 소리, 냄새, 느껴지는 모든 것에 집중합니다. 그렇게 하면서 여러분과 함께하시는 하느님의 현존을 느껴 봅니다.

물론 어떤 사람들은 이런 식으로 상상력을 발휘하는 방법을 더 쉽게 찾을 수 있습니다. 아무튼 도움이 되었다면 기쁘겠습니다. 혹시 그렇지 않고 잠이 들어 버렸다고 해도 괜찮습니다. 우리 몸은 망가지기도 하고 사랑받기도 하지만, 여전히 중요하고 소중히 여길 가치가 있다는 것은 변함없는 사실이니까요. 그리고 하느님께서 진정으로 여러분을 있는 그대로 사랑하신다는 것도요!

부록

● 감사하며 사는 것

언젠가 자기 할아버지는 진정으로 중요한 것이 무엇인지 이해하는 분이라고 묘사한 여성분이 있었습니다. 그녀는 추수 감사절 이야기를 했습니다. 그녀의 가족은 매년 식사를 마치고 두 명을 뽑아 소원을 빌고 함께 칠면조의 위시본(wishbone, 조류의 가슴뼈 앞에 있는 'V'자형 뼈)을 부러뜨렸는데, 그날은 할아버지와 남동생이 뽑혔습니다. 긴 쪽 뼈를 잡은 사람의 소원이 이루

어지는 것이지요. 남동생은 자신의 소원이 이루어지기를 열망했습니다. 하지만 남동생은 자기가 가진 쪽 뼈가 짧자 크게 낙담했습니다. 그때 할아버지가 다정하게 웃으며 말씀하셨습니다. "괜찮아, 내 소원은 네 소원이 이루어지는 것이었단다."

이미 언급했듯이 저는 추수 감사절에 슬픔과 상실감 속에서도 하느님께 감사드리러 오는 많은 사람들을 보며 감동합니다. 그날은 제가 별로 말을 할 필요가 없다는 생각이 듭니다. 여성분의 할아버지처럼 사람들은 이미 무엇이 정말 중요한지, 감사드리는 것이 얼마나 중요한지를 잘 알고 있으니까요.

제가 그들에게 그렇게 큰 감동을 받는 이유는 아마도 우리 각자가 얼마나 큰 축복을 받았는지 쉽게 잊어버리기 때문인 것 같습니다. 바쁜 삶에 치여 우리는 때때로 평범한 일상에 담긴 무수한 축복을 놓치고 맙니다. 급하게 서두르다가 표면적인 것만 보며 살아가거나 너무 많은 일에 신경을 쓰느라 정작 중요한 것이 무엇인지 제대로 깨닫지 못할 때도 있습니다.

어쩌면 다음 기도 진행이 도움이 될 수도 있을 것 같습니다. 제가 몇 가지 간단한 질문을 드리면 여러분은 생각하고 성찰하고 상상력을 발휘해 시간을 갖고 머무르면 되겠습니다.

각자 자신이 집중할 수 있고 묵상하기 편안한 자세를 찾아 자리를 잡습니다. 잔잔한 음악이나 말씀 낭독이 도움이 된다면 오디오를 재생하는 것도 괜찮습니다.

1. 먼저 깊은 호흡을 몇 번 합니다. 많이들 하듯이 코로 숨을 들이마시고 입으로 내쉽니다. 깊게 숨을 들이마시고 내쉬면서 틈이 있음을, 내가 살아 있음을, 내가 나임을 의식합니다.

2. 자신이 좋아하고 편하면서 안정감을 느끼는 장소를 상상합니다. 그 상상 속 공간에 편안히 자리를 잡고 몇 초 동안 평화를 만끽하십시오. 그곳의 냄새, 느낌, 모습, 소리를 알아차릴 수 있을 것입니다.

3. 이제 누군가 주변 사람에게 감사의 말을 전하는 모습을 상상해 봅니다. 누구를 선택할지 무슨 말을 하고 싶은지 시간을 갖고 생각해 봅니다. 자신의 속도로, 하고 싶은 마음이 들 때 진행합니다. 감사의 대상은 살아 있는 사람일 수도, 세상을 떠난 사람일 수도 있습니다. 마음이나 머리에 누군가가 떠오르나요? 부모님, 선생님, 친구? 누구인가요? 감사를 전할 기회가 온다면 누구에게 감사하겠습니까?

4. 누군가가 떠올랐다면 무엇에 대해 감사하시겠습니까? 아마도 그들은 여러분에게 신뢰를 주었거나 중요한 가르침을 주었거나 여러분을 반갑게 맞이해 주었을 것입니다. 어쩌면 여러분을 양육하고 영감을 주고 자신을 희생했을지도 모릅니다. 또 무엇이 있을까요?

5. 이제 안전한 장소에 있는 자신을 상상하고 그 사람과 함께 있는 것을 느껴 봅니다. 함께 시간을 보내고 난 다음 감사의 마음을 전하십시오. 말이나 무언으로 그

사람에게 하고 싶은 이야기를 하십시오.

6. 이야기가 끝나고 그 사람이 여러분에게 하고 싶은 말이 있다고 느껴지나요? 이제 그 사람이 여러분에게 말하게 해 주세요. 뭐라고 말할까요?

7. 그 사람의 말에 대해 대답할 말이 있나요? 할 말이 있다면 하십시오.

8. 이제 작별 인사를 할 시간입니다. 그 사람의 손을 잡거나 포옹하거나 자신이 원하는 방식으로 작별하는 상상을 합니다.

9. 마지막으로 마칠 준비가 되면, 지금 있는 곳에 머무르고 있음을 몸으로 다시 의식합니다. 그리고 그렇게 하면서 하느님의 현존을 느끼도록 노력합니다.

**물론 어떤 사람들은 더 쉽게 이렇게 상상력을 발휘**

하는 방법을 찾을 수도 있습니다. 이 묵상에서 축복을 느꼈다면 저 또한 기쁩니다. 그렇지 않고 어려웠거나 잠이 들었더라도 괜찮습니다. 우리에게는 여전히 깊이 감사해야 할 많은 이유들과 사람들이 있으니까요.

이제 잠시 후면 이 책을 덮고 삶이 여러분을 위해 준비한 무엇인가로 돌아갈 것입니다. 남은 하루가 어떻게 펼쳐지든 우리가 감사할 일이 많다는 사실은 달라지지 않겠지요? 우리는 헤아릴 수 없을 만큼 축복을 받지 않았나요?

하느님의 은혜로 우리가 오늘 그리고 매일매일 정말 중요한 것, 진정으로 소중하게 여기는 것에 좀 더 깨어 있을 수 있다면 좋지 않을까요?

자, 최선을 다해 우리 삶의 불완전하지만 소중한, 단순하고도 복잡한, 혼란스러우면서도 평범한 순간들을 붙잡읍시다. 그 순간들이 우리를 지탱해 주고, 사랑을 붙잡아 주고 하느님께 꼭 붙어 있게 해 줄 것입니다.